Fu Jia

O mercado da arte inteligente Produtos do mundo da arte contemporânea

Fu Jia

O mercado da arte inteligente Produtos do mundo da arte contemporânea

Um estudo de caso de uma exposição específica de Taipé

ScienciaScripts

Imprint
Any brand names and product names mentioned in this book are subject to trademark, brand or patent protection and are trademarks or registered trademarks of their respective holders. The use of brand names, product names, common names, trade names, product descriptions etc. even without a particular marking in this work is in no way to be construed to mean that such names may be regarded as unrestricted in respect of trademark and brand protection legislation and could thus be used by anyone.

Cover image: www.ingimage.com

This book is a translation from the original published under ISBN 978-3-659-46444-7.

Publisher:
Sciencia Scripts
is a trademark of
Dodo Books Indian Ocean Ltd. and OmniScriptum S.R.L publishing group

120 High Road, East Finchley, London, N2 9ED, United Kingdom
Str. Armeneasca 28/1, office 1, Chisinau MD-2012, Republic of Moldova, Europe
Printed at: see last page
ISBN: 978-620-7-85636-7

PREFÁCIO

O poder do mercado da arte inteligente tem a ambição de vender arte, através da exposição típica que cruza regiões transculturais e participa na conversa entre a arte contemporânea e o consumo de massas. Aconteceu de forma agressiva no museu de arte contemporânea, no parque industrial cultural e criativo, nas galerias, nos sítios significativos, etc. No estudo deste fenómeno, queremos explorar a exposição típica como o texto cultural que se envolve com a prática simbólica. Analisando os códigos da arte no âmbito de um sistema de significado semiótico, pretendemos abordar a forma como o valor simbólico e o valor económico da arte contemporânea se associam entre si. Para abordar esta questão, é relevante o projeto do artista como marca e o contexto We-media. O processo de oferta de dispositivos não só potencializa a transferência de propriedades, mas também gasta a produção de obras de arte. Nesta tendência, as exposições típicas têm vindo a estabelecer pontes com uma nova lógica de comércio e valorização, incluindo uma aquisição em busca de grande publicidade. Também quebrou algumas perspectivas de sabor de arte ossificada e a produção de arte inteligente promove tipos criativos e de forma mais ampla.

O presente livro inclui seis capítulos que expressam resumidamente o seguinte:

CAPÍTULO UM: Este capítulo inclui uma introdução sobre os produtos Smart Art Market, as fontes de definição e o plano para atingir o objetivo.

CAPÍTULO II: É um processo que passa do percurso básico à prática simbólica, três ângulos de apoio ao estudo de caso da arte contemporânea.

CAPÍTULO 3: Perspetiva principal peças de evidência que abordam a identificação do texto a analisar.

CAPÍTULO IV: Os estudos de caso fornecem uma série de pontos de contacto, desde a colaboração à estratégia de curadoria, o sistema único de significado do género artístico e o comércio inteligente de arte moldado pela especulação do Mito.

CAPÍTULO Cinco: É sobre os benefícios que seguem o contexto anterior mais relevante do conhecimento de We-media e branding. O enredo de "decifrar" incentiva o debate sobre o tema "Artista como marca".

CAPÍTULO Seis: Expressão rápida da questão e tentativa de abrir a discussão.

Esperamos que goste de ler o fruto dos nossos esforços e que este livro o ajude a obter uma perspetiva geral sobre a ocultação de dados e a marca de água manual. Por último, esperamos que seja útil para a sua vida futura.

ÍNDICE DE CONTEÚDOS:

CAPÍTULO 1

INTRODUÇÃO

1.1 Produto do mercado de arte inteligente

O produto do mercado de arte inteligente, ou popularmente designado por "bens culturais", desenvolveu-se a partir da relação do grande capital com a arte contemporânea "barata", que com a mudança da apreciação da arte para o consumo de arte (ou seja, o objeto de arte digital inteligente, tal como definido por ArtCommodities.com). Este tipo de produto de arte inteligente continua a ser infinitamente duplicável, facilmente transferível e pode ser utilizado e acedido por qualquer pessoa, mas tem um proprietário definido. Começou nos anos 60, quando a Pop Art comercializou a vanguarda, não só vendendo a vanguarda, mas também envolvendo o comercialismo na definição da vanguarda. É a primeira vez que é associada ao grande dinheiro, porque os seus objectivos ocultos e o seu futuro incerto foram traduzidos com sucesso em termos caseiros (James Panero, 2009).

Um "Silkscreen" de Andy Warhol, o cruzamento distinto surgiu quando os meios de comunicação de massas compensaram a curiosidade de participar no mundo da arte, enquanto a estabilidade controlada pela elite cultural. Nesta perspetiva, vale a pena notar que o mercado da arte inteligente tem a ambição de levar arte de qualidade às massas a preços acessíveis. James Panero argumentou que, uma vez que o historial de exposições aumenta o valor, os coleccionadores daquilo a que podemos chamar "arte de mercado" têm interesse em ver o seu trabalho ocupar espaço nas colecções públicas tradicionais. No que respeita ao consumo de arte contemporânea em "bolsos rasos", John Storey (2001) define "compra cultural" como algo que é rotulado como cultura. Através da prática da compra cultural, as pessoas criam coisas novas, para atingir diferentes objectivos sociais e pessoais. Sugere uma economia semelhante à do cinema ou da música, em que é a apreciação por parte de um grande público que gera o lucro. Este argumento molda o comércio de arte atual, uma vez que as exposições tradicionais perdem poder sobre o valor da arte, a compra em massa partilha o valor da arte através da alavancagem financeira. Vale a pena notar o período de tempo com grande efeito e beneficiado para atrair a atenção suficiente dos curadores. Como qualquer outro tipo de objeto de arte, o potencial da certificação criptográfica também permite que estes objectos de arte digital sejam trocados como propriedade. A reflexão oportuna sobre as formas como o lugar e o espaço melhoram os resultados criativos e a inovação entre disciplinas para o futuro (Mcwhinnie Louise, 2017).

Quando é que uma exposição se tornou uma parte da vida social? É um pedido visível de alguém nos tempos quotidianos? Qual é a relação entre a exposição especial e o mercado de arte inteligente? Porque é que quantidades de visitantes são atraídos para a exposição típica, tanto online como presencialmente? O que dizer da bolha que coexistiu com uma sobrevalorização de curta duração, seguida de uma correção em queda? Concentramo-nos em discutir todas estas questões no quadro de uma prática de significação baseada num estudo de caso. Com o objetivo de fazer uma observação que beneficia da semiótica contemporânea: "procurando explorar o uso de signos em situações sociais específicas". Ou qualquer feedback pode ser. Observação envolvida: "Todo o pensamento é um signo" (Peirce, 1931; Daniel Chandler, 2014). Que se empenham na procura de "estruturas profundas" subjacentes às "características superficiais" dos fenómenos, para uma abordagem marxista que sublinha o papel da ideologia.

Os locais de exposição passaram a ser um campo de impacto da prática social dos produtos artísticos, o papel dos "produtos artísticos" consumidos como parte do recetor cultural, ou uma atividade social, uma prática diária. Miller (1987) considera que o consumo cultural é um processo que envolve a relação dinâmica entre o sujeito e o objeto, através do consumo de bens culturais, que completam o processo de identidade cultural, entram na estrutura social e são moldados ao mesmo tempo. Para começar, James faz uma abordagem de Leo Steinberg observando a direção artística:

> O ponto de venda, e não o ponto de criação, passou a ter precedência na determinação do significado primário de certas obras de arte. A escolha de Warhol de temas demóticos e escabrosos - notas de dólar, latas de sopa, fotografias de vítimas de acidentes de viação - fez com que o valor da sua arte fosse determinado pelos seus coleccionadores e não pelos críticos e conhecedores.

À medida que os críticos aprendem sobre os factos de elevação do produto do mercado de arte inteligente, é possível vislumbrar a essência da curadoria "estar a ver" o desenvolvimento histórico. No decurso do século XX, as "exposições" tornaram-se o meio através do qual a maior parte da arte se torna conhecida (Christophe Cherix, 2011). Além disso, a arte inteligente adquire um novo significado ligado à tendência de partilha, exposição nos meios de comunicação social, procura de publicidade, etc. A ênfase é colocada na colaboração do sistema de valores cruzados de diferentes géneros. O desenvolvimento de produtos de arte inteligente relacionados com o plano de exposição que permanece no repositório do museu, a publicação de galerias é apelativa, aumenta as vendas e capta os benefícios para a instituição e para o patrocinador comercial da sua divulgação a um público vasto (por exemplo, o projeto de investigação aprofundada sobre a publicação de exposições de Sarah Anne Hughes, 2014).

1.2 A tecnologia apoia a transformação do mercado da arte inteligente

As possibilidades que a mão de obra e a tecnologia ofereceram ao mercado da arte inteligente produzem ou desenham, ou a forma de autoanálise do desenvolvimento de produtos industriais. As redes digitais facilitam, aceleram e expandem a distribuição de bens artísticos, o que aumenta o acesso potencial ao investimento neles por parte de qualquer tipo de grupo demográfico capaz de trocar no mercado (Nick Szabo, 1994). Um objeto digital é normalmente considerado um ficheiro digital com qualquer tipo de formato e informação, como uma fotografia em jpeg, uma música em mp3, ou ficheiros de vídeo e até textos. Normalmente, os objectos digitais são infinitamente duplicáveis. No entanto, é possível autenticar e certificar a unicidade de um objeto digital, associando-lhe assinaturas digitais, impressões digitais e contratos através de algoritmos digitais de criptografia. Por outro lado, uma das soluções para o produto do mercado de arte inteligente é o Crafts, que tenta apresentar uma visão da temperatura em direto, baseando-se na tendência multicultural e mista. Para além disso, o destaque da tecnologia que ajuda o mercado da arte inteligente a produzir com elevada eficiência e fraca restrição de tempo e local, são os avanços da tecnologia digital. Com a grande adoção de design gráfico e de software de design gráfico que ajuda o produto digital a ser reconhecido numa indústria comercializada. É comum e popular, boa relação pública que a indústria de arte gráfica que reúne imagem, fotos de telefone, tipografia ou designer gráfico de movimento crie uma peça de design.

Para que a realidade e as experiências se tornem um bem de consumo, a imagem de alta definição é a parte mais importante do desenvolvimento. Em particular, o palco de diferentes mercados de arte inteligente produz em exposições a maioria dos aspectos que o rodeiam. Para alargar o campo de aplicação da descrição fiel do trabalho criativo do artista, como sabor, elementos coloridos, explorar estratégias de design para comunicação visual. Por exemplo, o design da embalagem do produto do mercado da arte inteligente, para dar sentido à experiência de comunicação baseada na criação do artista, o designer trabalha com a escrita e a imagem de alta definição para influenciar o gosto popular e moldar o valor da ideologia artística. Além disso, o software de design é desenvolvido para uma operação comum que reduz o tempo de fabrico e as despesas. O poder da tecnologia digital cria o mercado para manter uma produção independente e autónoma com uma valorização democrática da arte que garante a estabilidade económica (Artcommodities.com). De uma forma geral, o mercado de arte inteligente e democrático produz uma influência na comunicação virtual, as capacidades gráficas 3D são o futuro da estratégia de marca do artista e do nível de interação.

1.3 Design de texturas Participar na arte inteligente

Os princípios de seleção e disposição dos elementos visuais transmitem uma mensagem a um público. Liedtka (2015) propõe três fases sequenciais no processo de conceção: fase de exploração, fase de geração de ideias e fase de teste. Além disso, a semelhança das etapas com os métodos-chave do design thinking: identificação de necessidades, brainstorming e prototipagem está incluída na fase de teste (Seidel &

Fixton 2013; Tsuyoshi Amano, 2017). Aqui discutimos a fase de exploração como análise de descodificação do artista, a fase de geração de ideias como pensamento de transferência do designer ou curador e a fase de teste como aplicação da textura. De uma forma de reforçar a ideia, apoiar o pensamento interdisciplinar em diferentes projectos de produtos do mercado de arte inteligente. Para o design gráfico, a textura é geralmente apenas uma coisa visual, mas cria uma ilusão física e continua a desempenhar um papel de liderança na criação de todos os tipos de elementos visuais (Veronika Theodor, 2015). Na visão cognitiva, o design de texturas ocupa um papel central no nosso produto de mercado de arte inteligente, trazendo um destino lucrativo para a vanguarda. A seguir, Veronika Theodor (2015) enumerou 10 formas de incorporar a textura em qualquer design de transferência digital:

- Utilize texturas naturais para dar vida orgânica aos seus desenhos
- Criar desenhos experimentais utilizando texturas artificiais únicas
- Utilizar a textura tátil para criar interesse visual
- Criar um design gráfico envolvente com gráficos texturizados
- Utilizar a fotografia como um fundo texturado impressionante
- Utilizar a textura para criar camadas tridimensionais nos seus desenhos
- Faça uma declaração ousada com tipografia texturizada
- Criar desenhos estaladiços utilizando a textura do papel
- Criar arte atraente com tipos de letra texturizados
- Criar desenhos visualmente provocantes com fundos texturados

Enquanto a técnica de textura se esforça para imprimir ficheiros digitais, bem como as suas propriedades de marca. Argumenta-se que o design de produtos do mercado da arte inteligente é o processo com o objetivo de criar uma marca. Como o design gráfico está fortemente relacionado com a identidade da empresa, o design de texturas contribui para as competências sociais ou para o ponto específico da embalagem, sendo os elementos importantes na direção do desenvolvimento de produtos de arte inteligente.

CAPÍTULO 2

CONSTRUÇÃO DE VALOR SIMBÓLICO

A discussão no Fórum de França nos anos 60, as origens da teoria semiótica desenvolvida por Saussure e outros académicos (por exemplo, Roland Barthes, 1964, sobre a forma como os elementos da imagem são as mensagens transmitidas por um sistema de signos; Christian Metz, 1968, para uma análise diversificada e dialética das preocupações simbólicas nas características do filme), torna-se o eixo do símbolo cultural do Visual Unscrambling. No final do século XX, Mieke Bal tem um programa editorial: "Seeing sign-The use of Semiotics for the understanding of visual Art" que incluiu na Cambridge University Press 'The subject of art history'. Está bem estabelecido o valor simbólico no conteúdo cognitivo da arte. Uma vez que o enquadramento semântico influencia profundamente o simbolismo da imagem e a transferência de conceitos da comunicação visual. Os estudos têm abordado o tema da metáfora visual, pictórica (ou seja, a metáfora que ocorre numa imagem) tem sido objeto de investigação nos últimos anos. Isto está de acordo com a metáfora de um símbolo concebido como estruturação essencialmente cognitiva do pensamento e da ação humana (Isabel Negro Alousque, 2013). O método de descodificação utilizando a teoria da semiótica: "É um ponto de vista, para examinar os processos relacionados com as obras visuais; é uma ferramenta concetual, fornecendo detalhes de análise da obra." (Liao Xintian, 2008). Yang Y. F. (2006) sugere que um código se refere ao resultado do processo de decifração, em vez de ficar sozinho depois de criado pelo artista.

Nos universos simbólicos, Jeehyun (2010) lembra que a forma tem um significado profundo, tem uma conversa. Remete-se ao conceito de denotação, conotação e mito, conforme teóricos posteriores para oferecer uma dimensão de análise existencial do significado. Acima de tudo, a construção de "Denotação" e "Conotação", em semiótica, são termos que descrevem a relação entre o significante e o significado (por exemplo, os elementos básicos de um signo). É feita uma distinção analítica entre dois tipos de significado: um significado denotativo e um significado conotativo (Daniel, 2014). O significado inclui tanto a denotação como a conotação. Barthes defendeu inicialmente que só a um nível superior ao nível "literal" da denotação se poderia identificar um código - o da conotação (Hall, 1980).

Portanto, o Mito e o seu papel hoje. A função do "Mito" é falar das "coisas", ou seja, informar o "texto", purificá-lo, torná-lo inocente, dar-lhe uma justificação natural e eterna, dar-lhes uma clareza que não é a de uma explicação, mas a de uma declaração de facto (Barthes 1987, Daniel Chandler, 2014). O mito refere-se aos fios narrativos a partir dos quais a mitologia de uma cultura (por exemplo, uma visão de mundo mítica como quadro de referência) é tecida (Malan, 2015). É este jogo constante de esconde-esconde entre o significado e a forma que define o mito. Jack Meier (2016) fez uma análise dessa visão de um acontecimento da sua vida como uma série de metáforas, podendo então ver a sua vida como um mito. Terceiro, a interpretação do mito como metáfora. A partir da ideia da teoria contemporânea da metáfora, os mitos tornaram-se plausíveis devido ao pensamento metafórico, em oposição ao pensamento científico moderno, nomeadamente que o mundo e as vidas humanas estão abertos às influências de forças e seres de outro mundo (Bultmann, 1965; Schultz, W, 2000). Além disso, existem semelhanças entre o mito e a mitologia e a teoria contemporânea da terminologia da metáfora; de metáforas conceptuais que constituem um sistema concetual, no qual as expressões metafóricas encontram o seu lugar significativo (Gert Malan, 2015).

2.1 O estruturalismo é um método analítico

Os estruturalistas procuram descrever a organização global dos sistemas de signos como "línguas", procurando "estruturas profundas" subjacentes às "características superficiais" dos fenómenos (Daniel Chandler, 2014). Mas a Linguística é apenas um ramo desta ciência geral (Noth, 1990). A partir do estudo do "significante" e do "significado", o modelo bipartido do signo de Saussure, o quadro do Estruturalismo, tal como a função do tijolo na construção de uma parede, é utilizado para abordar a noção abstrata no mundo da arte e não o "texto" na comunicação linguística. É por isso que, no início, clarificamos os níveis de "significante e significado"; "denotação e conotação"; "mito", sublinhando que a teoria semiótica, enquanto análise de valores, desempenha o papel da ideologia. C. W. Morris deriva esta classificação tripla de Peirce (Goldsmith, 1984):
- semântica: a relação dos signos com o que eles representam;
- sintáctica: as relações formais ou estruturais entre os signos;
- pragmática: a relação dos signos com os intérpretes, etc.

Os semioticistas contemporâneos estudam os signos, preocupando-se não só com a comunicação mas também com a construção e manutenção da realidade (Sturrock 1986). Referem-se à criação e interpretação de textos como "codificação e descodificação", respetivamente. Para realçar a experiência pessoal, quando alguém descodifica depende mais do "texto" em si. Os factores sociais envolvidos na smart art transpõem a arte contemporânea, a utilização destes termos pretende enfatizar a importância da comunicação dos meios de comunicação de massas. A ideia é: "E se a realidade se tornar numa ilusão? A ideia é: como é que a realidade se torna numa ilusão? Isso é diferente da disseminação da cultura de entretenimento público, e em vez de liberdade estendida e positiva. É a oportunidade de considerar a mudança de realidade do mercado da arte e o sentido de auto-consciência dos coleccionadores de massas. Além disso, os termos: meio como comunicação interpessoal adotado uma exposição na nossa análise, insight mais informações que propósito vanguardista de operação de valor.

2.2 Descodificação e codificação

Processo de decifração como contexto da semiótica, no programa de "descodificação" que envolve não só o simples reconhecimento e compreensão básicos do que um texto "diz", mas também a interpretação e avaliação do significado dos códigos e a referência a códigos relevantes. (Smith, 1988, Olson, 1994; Daniel Chandler, 2014). Quando alguém é um decifrador, supõe-se que a leitura "preferida", a abertura dos códigos conotativos pode significar uma gama de alternativas possíveis abertas ao público (Myers, 1983). Os decifradores tentam recriar a partir do processo, alguns deles dividem a estrutura original do texto em fragmentos, que tendem a ser uma pequena unidade de significado, e depois, os leitores podem usar para montar e combinar, por outras palavras, tornaram-se o recurso para a metáfora. Os códigos (por exemplo, particularmente dos meios de comunicação social) oferecem aos seus leitores identidades sociais que alguns podem adotar como suas. Mas os leitores não precisam de aceitar esses códigos. A fim de organizar várias interpretações e avaliações com uma certa perspetiva de princípios, é provável que as descodificações sejam diferentes do significado pretendido pelo codificador (Eco Umberto, 1984). Na maioria dos casos, os decifradores da arte contemporânea não confirmam que cumprem o sistema de significado dos códigos. Mas adaptam-se gradualmente ao sentimento de opinião expresso como tentativa de participação. Stuart Hall sugeriu três códigos ou posições interpretativas hipotéticas para o leitor de um texto (Parkin 1972; Hall 1980; Morley 1980; Morley, 1983; Chandler 2014):

- Leitura dominante: o leitor partilha plenamente o código do texto e aceita e reproduz a leitura preferida.
- Leitura negociada: o leitor partilha em parte o código do texto e aceita amplamente a leitura preferida, mas por vezes resiste e modifica-a de uma forma que reflecte a sua própria posição, experiências e interesses (as condições locais e pessoais podem ser vistas como excepções à regra geral) - esta posição envolve contradições.
- Leitura opositiva: o leitor, cuja situação social o coloca numa relação de oposição direta ao código dominante, compreende a leitura preferida, mas não partilha o código do texto e rejeita essa leitura, fazendo uso de um quadro de referência alternativo.

No espírito de argumentar este conceito aplicado no único texto particular, propomos as três posições interpretativas hipotéticas de Hall para alguma perspetiva de leitura dos códigos do mercado da arte inteligente. No processamento do trabalho feito em fábrica contribuem os valores sociais, uma exposição é referimos exemplos reais de texto mediático. Tal como uma leitura redutora do modelo de Hall poderia levar à reificação de um meio ou género, também poderia encorajar a essencialização dos leitores, enquanto as posições de leitura são multiformes, fissuradas, esquizofrénicas, desigualmente desenvolvidas, cultural, discursiva e politicamente descontínuas, fazendo parte de um reino mutável de diferenças e contradições ramificadas (Stam Robert 2000, Chandler 2014).

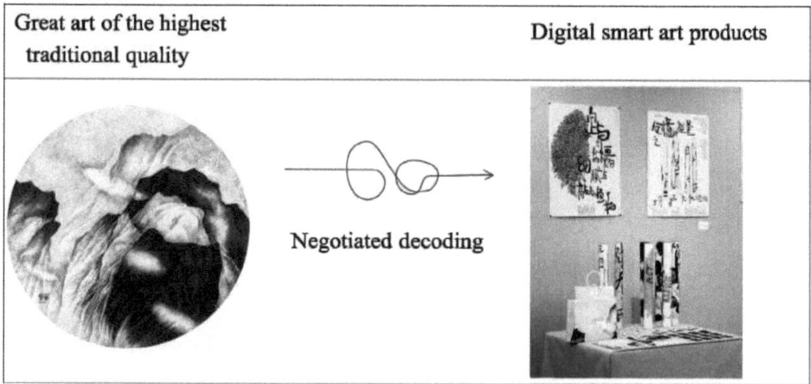

Figura 2.2: <Invaluable Mountains > Exposição da galeria Loftyard em Taipé e cena de oferta da exposição

O original com obra de arte da mais alta qualidade, coleccionado por um único, trocado pelo seu valor social, cultural e estético. Numa perspetiva de interesse do homem, que se orgulha do fosso entre o clássico e o aberto centrado no visitante. Para além disso, que tal a prática do design depender de uma revisão da descodificação negociada? O signo possui uma espécie de poder, cujas partes elaboram o espírito. O presente da exposição partilha o texto expresso pelos curadores da galeria Loftyard: Com tons de preto e branco sem adornos e grupos de pontos minúsculos, Lin (Artista) varre o papel num transe rítmico lento, deixando um campo articulado de pontos de tinta meticulosos (Elaine, 2016). Os pontos minúsculos, como os detalhes de comunicação parcialmente partilhados através do design de textura, alargam-nos para se apropriarem da impressão de papel presente em bens arbitrários. Assim, a aproximação da prática de descodificação que se concentra no espírito da pintura como o estilo dos monges - um transe rítmico lento para aceitar amplamente.

2.3 A metáfora concetual

Um aspeto importante da análise da metáfora multimodal em "signo" é o seu potencial comunicativo (por exemplo, Velasco e Fuertes (2004), sugeriram os seguintes traços da metáfora na publicidade). Koller (2009) centra-se no efeito cognitivo dos anúncios, a dupla codificação reforça a intenção persuasiva da publicidade, destacando as características do produto através da linguagem e da imagem (Isabel Negro Alousque, 2013). Enquanto o sistema da metáfora influencia o sistema concetual quotidiano, orientando os leitores para a compreensão de assuntos abstractos ou inerentemente não estruturados em termos de um assunto mais concreto (Lakoff, 1993). Black argumentou que a metáfora é uma forma de comunicar que funciona num nível mais profundo de estrutura concetual do que no mero significado das palavras. O significado conferido por uma metáfora é o resultado de uma confrontação dos elementos dissimilares que constituem o processo metafórico e da revelação do significado, que se baseará nas associações pessoais dos intérpretes (Van Luxemburg, Bal & Westeijn, 1983). Embora metafóricos no contexto, os circuitos reflectem a realidade, ou seja, correspondências reais em experiências físicas e sociais do mundo real. (Hausman C, 2006; Lakoff G, 2014). E implicitamente produzem um significado pessoal impressionista.

> Os códigos e convenções que organizam e libertam os significados de um texto no processo de visionamento ou leitura são o que torna o significado possível. O membro da audiência está envolvido no trabalho do texto e na produção do seu significado, o seu próprio conhecimento, posição social e perspetiva ideológica são trazidos para o processo de construção do significado (Arianna Bove & Erik Empson, 2003).

A teoria de Lakoff sugere a metáfora cognitiva com base nos princípios de que os seres humanos estão neurologicamente capacitados para o raciocínio metafórico. Esta descrição de um sistema concetual demonstra o poder da metáfora para construir mundos. As várias versões da visão comparativa assumem que as metáforas podem ser parafraseadas. Como se trata de um processo relativamente complicado, esforçamo-nos por abordar a "arte da caligrafia contemporânea", mas sem impor uma determinada conclusão. Enquanto a metáfora ocupa um papel central na estrutura de discussão do "símbolo". A Teoria Cognitiva da Metáfora baseia-se nos seguintes princípios (Lakoff, 2006; Isabel,2013):

- A metáfora é, antes de mais, um mecanismo cognitivo.
- A metáfora envolve a compreensão de um domínio da experiência (por exemplo, o domínio-alvo) em termos de um domínio mais concreto.
- Uma metáfora deve ser considerada como um mapeamento (por exemplo, um conjunto fixo de correspondências conceptuais) entre um domínio-fonte e um domínio-alvo, em que uma ou mais características da fonte são projectadas no alvo.
- Qualquer metáfora linguística, ou expressão metafórica, é uma instanciação de uma metáfora concetual.

As metáforas e metonímias pertinentes utilizadas para interpretar as imagens (Evans e Green, 2006, Isabel Negro Alousque, 2014), propõem os seguintes esquemas de imagem:

- Espaço: cima-baixo, frente-trás, esquerda-direita, perto-longe, centro-periferia, caminho, reto-curvo, escala

- Confinamento: dentro e fora
- Multiplicidade: parte-todo, contagem-massa
- Equilíbrio: equilíbrio de eixos, equilíbrio de pontos
- Força: compulsão, bloqueio, contra-força, desvio, capacitação, atração
- Ciclo
- Atributo: pesado-luminoso, escuro-brilhante, grande-pequeno, quente-frio, forte-fraco

Por exemplo, a tabela de fotos tiradas por constatação de factos no local da exposição. Com significantes fundados interpretam imagens que denotam a relação com significados. Que captou o método de observação como esquema de imagem fornecido.

Display corner	Signifier	Signified
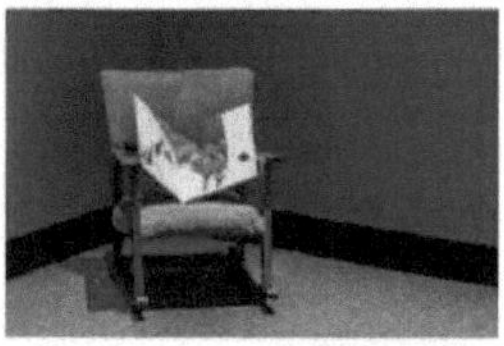	A character in the book of middle place A chair with a book by central Red background corner Olive green chair	Girls' story Read alone Waiting for... Drown-in feelings
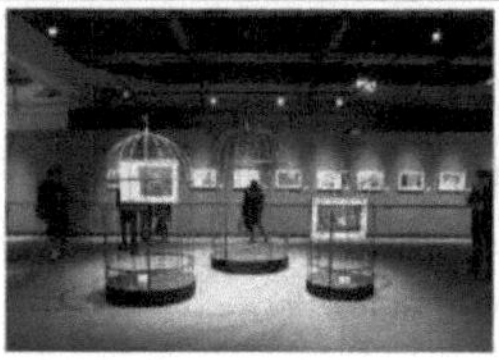	Man-made birdcage Triangle set Visitors (wondering or not) Lock the painting Spotlights	Shackle A group of onlookers Performance Ignore Run away

Figura 2.3: Análise do canto da exposição no modelo de duas partes do sinal (Foto de Chia Fu)

CAPÍTULO 3

IDENTIFICAR O TEXTO

3.1 Sinais Considerando

Nem todos os "sinais" podem aceder ao texto do mercado da arte inteligente. Parece que todos eles surgem inexplicáveis, populares, duplicados e caseiros. Por outro lado, a trama da arte contemporânea raramente faz sobressair o sabor do elitismo. Mas não são os novos artistas contemporâneos que gerem o comercialismo das obras de arte honestamente enraizadas nas galerias e leilões. Na relação entre o dinheiro e o fenómeno da arte contemporânea recente e "barata", os meios de comunicação social desta relação são, normalmente, especialmente expositivos. Para além do indivíduo associado ao sentido da arte que produz, os curadores organizam exposições elaboradas para que o "meio" chegue a um público mais vasto e ganhe uma densidade de preocupações formais.

A semiótica fornece-nos um potencial quadro concetual unificador e um conjunto de métodos em termos de utilização em toda a gama de práticas de significação (por exemplo, inclui estratégia de design, meios de comunicação social, esquema de imagem, escrita, arte, cinema, etc.). A semiótica pode não ser uma disciplina, mas é pelo menos um foco de investigação, com uma preocupação central com as práticas de criação de significado que as disciplinas académicas convencionais tratam como periféricas (Daniel Chandler, 2017). Assim, neste contexto, damos atenção a cinco perspectivas de criação de significado para explicar a decisão de identificação, que utiliza os materiais para a próxima secção de votação.

    a. Oferecer um grupo de sinais claros.
    b. Aludir a um facto ou a uma ficção.
    c. Os códigos broadcast ou narrowcast.
    d. Influenciar a sua interpretação.
    e. As referências são feitas a um mundo vivencial quotidiano.

Para compreender as exposições foram escolhidas como "texto" cinco composições. Por razões, elas serão estruturadas mas sem disciplinas exactas aqui. Colocá-las no ponto de vista do emparelhamento de fenómenos semelhantes. Além disso, para operar os cinco pontos de inspiração e com nível de compreensão estruturalista. Concebemo-los envolvidos num processo de votação. Ou, divididos num investimento como ficar para trás para ler a exposição. Por outras palavras, a leitura de um texto é um retorno positivo a um determinado aspeto da investigação independente. No entanto, a abertura de exposições é limitada pela questão do local, duração do tempo, região em que se encontra, etc. Apesar disso, encontrámos três textos típicos dos locais que são bem acolhidos pela escala e pela esfera pop do mercado de arte inteligente em Taipé. Ambas as épocas de abertura são em 2016, e os artistas provêm de diferentes contextos culturais e géneros. Por isso, nesta parte, apresentamos a ilustração em "G", "M", "R",

13

abreviatura de três artistas que representam as três exposições; cinco cores de bilhetes de votação representam as cinco perspectivas anteriormente referidas.

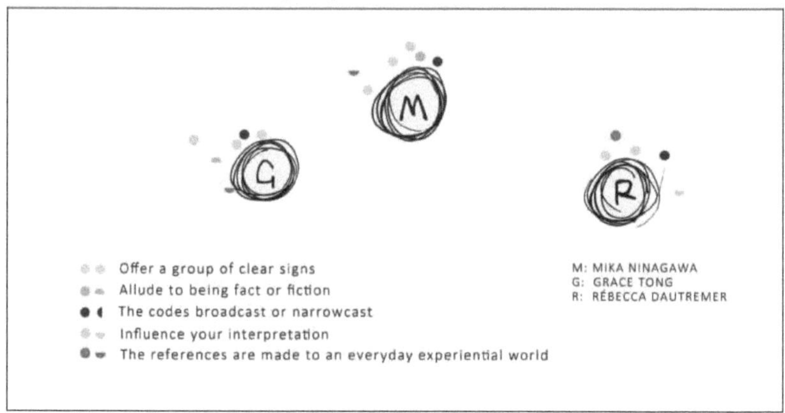

Figura 3.1: Uma prática de votação decide o texto (Chia Fu, 2017)

3. 2Partes interessadas na exposição

Um artista dificilmente escapa à formação dos tempos, mas está sempre a viver num mundo e numa vida social maiores do que ele próprio. Como tendemos a analisar a exposição de arte contemporânea através de um processo de significação, iremos conduzir os interessados na exposição a aproximarem-se do contexto da apresentação de uma obra de arte. Os directores fundadores que tentam mudar a nossa perceção e criar a necessidade de documentar (Hans-Ulrich Obrist, 2008).

Em primeiro lugar, o organizador da exposição de Mika Nakagawa - Shigeo Goto. Ao falar sobre a criação de Mika, Shigeo Goto expressou que as feiras de jovens fotógrafos japoneses representam o mundo da arte contemporânea japonesa, que se torna mais agressiva para o público e melhora o mercado (Yoshiko Anetai, 2012). O entusiasmo "A vida com arte" como estratégia de divulgação da arte, Shigeo Goto planeou a ideia de exposição dos artistas durante anos. [th]No início do século XX, um grande número de jovens fotógrafos começou a arriscar, apresentando "Foto = Vida" numa história para expandir a sua fotografia como "meio" de comunicação com o público. Ao mesmo tempo, regressou a um conceito crítico de fotografia.

No que diz respeito à estratégia de Shigeo Goto para a exposição de Mika Nakagawa, ele insiste que tanto o design como a arte contemporânea são "cultura visual", o design é uma solução para a vida e a vida é moldada pelo retorno (por exemplo, numa relação simbiótica de valor financeiro e social, a divulgação pública e a acessibilidade destas obras de arte digitais resultarão num maior impacto social, o que, por sua vez, aumentará o valor monetário da sua propriedade privada (Paolo Cirio, 2016)). Mas a arte contemporânea tenta criar novas imagens a partir da vida, ou fornecer consideração, bem como questionar a vida. Ambas dão um sentido de realidade à cultura visual. Ou seja, quando um curador descobre uma "nova imagem" para o público. Está a captar o sentido de "códigos", que começam a cooperar com o designer e influenciam o público. Além disso, quando discutiu a distância entre o colecionador de arte contemporânea e o público consumidor:

> Como encurtar a distância entre a pintura de milhões de quadros ou a pintura de decoração de paredes de hotéis com o público, partilhando o trabalho de quem quer estar em contacto com o que pensa ser significativo para a sua vida. Na verdade, está a construir uma identificação através de uma troca de preços inteligente e a dar ao exterior a sua expressão pessoal.

Shigeo Goto (2012) ilustra que a linguagem ou a obra literária, dirigida por uma compreensão cuidadosa da aprendizagem. Assim, a fotografia tem uma velocidade relativamente rápida para comunicar. Os leitores são envolvidos na tensão que as fotografias exprimem, na qual a imagem eléctrica ou a impressão digital os atrai. A exposição de Mika Nakagawa, associada a um novo modelo de negócio de fotografia de uso doméstico, permitiu que o consumidor construísse gradualmente um sentido da identidade de Mika, o que lhe proporcionou experiências de marketing artístico. E o modelo de construção de outro jovem artista é a tarefa que a sua estratégia tratou.

Em segundo lugar, o editor da imprensa de As Vidas Secretas das Princesas, Philippe Lechermeier, escreveu:

> Algumas princesas permaneceram anónimas, misteriosas e longe da multidão dos contos de fadas. Estas senhoras cativantes estão finalmente a sair das sombras onde permaneceram escondidas durante demasiado tempo. Com inteligência, humor sublime e belas artes, As Vidas Secretas das Princesas apresenta um bando de filhas reais à corte dos jovens leitores, (rebeccadautremer.com)

Como um tema foi estabelecido, as princesas transmitem o sistema de vida único e a posição inerente. Para a colaboração cruzada em Taipé, é possível sublinhar o ponto de contacto no estado realista da feminilidade. A oportunidade da voz feminina está ativa aqui, geralmente a mulher presidente e variadas organizações feministas, o seu casamento, o bem-estar económico e a discussão sobre os pontos de vista da sociedade, mostrando o desejo e o poder de ser afirmativa. A curadoria da exposição "As Vidas Secretas das Princesas", muito preocupada com a arte comercial, interligou as manifestações desta forma.

> Enquanto alude a este compêndio grande e luxuosamente ilustrado, apresenta personagens únicas e inesquecíveis como a pequena Princesa Claire Voyant, que consegue ver muito longe o dia de amanhã (mas confunde as suas previsões); a Princesa Oblivia, que se esquece de tudo e falta a todos os seus compromissos; a Princesa Babbling Brooke, que não pára de falar sobre tudo e sobre nada. Além disso, aprenderá sobre assuntos de princesa como a linguagem dos fãs, brasões e como não ofender fadas perigosas que lançam feitiços maléficos. Poética, muitas

vezes bem-humorada e sempre encantadora, esta é a coleção perfeita para as raparigas amantes de princesas que desejam mais do que apenas o tradicional conto de fadas (Philippe Lechermeier, 2010).

As raparigas que adoram princesas, chamam a consciência colectiva quando os visitantes são atraídos para o tema da exposição. Os bilhetes beneficiam não só o tesouro, mas também a conversa que molda o facto, uma vez que o editor de significados entrelaça diferentes sistemas de valores.

Em terceiro lugar, Grace Tong ficou, desta vez, com um curador, o que lhe conferiu um carácter criativo, mostrando a sua interpretação comercial. Ela continuou a ter uma boa ligação com pessoas famosas, incluindo cantores, poetas, dançarinos, escultores, editores, designers, etc. Essa grande ligação social leva a um colorido plano cruzado de colaboradores. Como ela própria disse, continua a lidar com o cruzamento de fronteiras para comunicar com o público, o que faz com que a propriedade da arte seja considerada de interesse para os meios de comunicação social. No entanto, ela é uma condutora que se esforça por codificar os sinais de tinta num sistema de decifração complexo.

Tong tem-se dedicado à arte caligráfica durante quase toda a sua vida e continua a responder: como é que a caligrafia se tornou contemporânea? Não será necessário responder a quão antigo é o género artístico, mas, na sua opinião, é realmente importante introduzir a caligrafia na juventude. Grace Tong procurou o produtor da cultura pop e todas as hipóteses possíveis de transposição da forma. O sentido do abstrato carregado pelas propriedades físicas da arte contemporânea, é o enredo para compreender Grace Tong destacar a "linha" que vive no real. No entanto, resta saber se ela organizou seis designers e um designer de interiores para esta exposição "Read the Ink", ou seja, a exposição do valor social pessoal.

3.3 Ajuda com a marca

As escolhas da exposição temporária como "texto de cultura" com prática simbólica, considerando o objetivo que perguntamos: Será que isto coloca em perspetiva que o valor simbólico e económico da arte contemporânea estão associados? Será que um artista como marca deve então ser escolhido? Quando as exposições são o principal local de troca na economia política da arte, onde a significação é construída, mantida e ocasionalmente desconstruída (Reesa Greenberg, 1996; Hans-Ulrich Obrist, 2008), mastigamos os intervenientes na exposição com o objetivo de nos aproximarmos da produção de significado. Mas também, vale a pena envolver várias informações de artistas contemporâneos e curadores que organizaram a estratégia comercial para definir o produtor de sentido como uma marca e promover a sua marca. Nesta secção, informaremos este debate a partir das duas partes que se seguem.

3.3.1 Artista definido como marca

A discussão tende para o tema dos artistas como "marcas". Allen Adamson (2013) propôs: Será a noção de "branding" como artista uma dinâmica contemporânea, dada a crescente comercialização de tudo? Enquanto nós insistimos na compreensão partilhada do código, ou, de uma forma mais global, mais ampla. O que é que trouxemos do poder das relações públicas como aplicação de branding? Um conjunto de pessoas unidas por um espírito comum e com referência a objectivos comuns. As necessidades e objectivos comuns exigem um intercâmbio crescente de pensamento e uma unidade crescente de sentimentos simpáticos (Dewey 1963; John Baldacchino, 2013). As exposições para o nosso estudo de caso, escolhidas no parque criativo local, tendem a ser um "espaço" em que as pessoas se reúnem com objectivos comuns, num campo de exibição de design de informação, onde os visitantes iniciam uma viagem de necessidades comuns. O que é mais diferente do "espírito comum" é o facto de o artista não pretender controlar o sistema de significado. Além disso, liberta uma porta de construção de significado. Este artista contemporâneo raramente se exprime e define como auto-venda como marca em comum, pelo contrário, extrai esse título da opinião pública para acontecer. Por outras palavras, existem de facto alguns pontos desfavoráveis para clarificar a noção com a comunicação de massas.

Os visitantes, movidos pela sua curiosidade, participam no valor do sistema de sinais, que familiariza o consumidor com a marca. A motivação da visita à exposição foi deslocada para o conhecimento da marca. Há quatro subcomponentes identificados por Keller (2001): lealdade, apego, comunidade e engajamento (Wanick Vanissa, 2017). Para além disso, os quatro subcomponentes dividem-se em textos específicos quando tentamos desconstruir o artista no âmbito do esforço de smart branding.

a. A fidelidade é sinónimo de repetição de compras, o que reflecte um sentido de quantidade.

A exposição de Mika Ninagawa não é mais uma exposição individual. O funcionamento geral da exposição gerou uma boa relação com os visitantes do museu e com a imprensa que a acompanha, construída ao longo dos anos, incluindo a integração de colaboradores superstars. Mika Ninagawa e o curador fazem todas as possibilidades para tornar os códigos artísticos mais globais e aproveitar a oportunidade de mostrar amplamente. Além disso, o plano de exposição propôs a ambição de trazer quantidade a preços acessíveis devido ao apoio da tecnologia digital. Ao assumir o papel de comércio avançado, os códigos em peças, bem como os baixos custos de produção e a etiqueta de material leve revelaram que a produção industrial possuía a quantidade, mas arbitrária no caminho.

b. Uma ligação significa que os consumidores têm uma forte ligação emocional com as marcas.

Na exposição "Read the Ink", a ligação emocional pode ser reflectida na "arte a tinta", que está profundamente enraizada na memória de quem cresceu na cultura oriental. Bem, não se trata exatamente de características estereotipadas, mas sim de uma linguagem de visão realista, que há muito tempo se baseia em pormenores da vida ou na educação pública. O conteúdo da exposição, que inclui a caligrafia de Grace Tong e o objeto principal do design de moda, evocou a memória de leitura da forma de arte antiga durante a experiência de visita dos visitantes. A impressão da caligrafia através do design de moda, que reforça a memória como função de renovação genética. Após a colaboração transfronteiriça, os sinais recordam a ligação emocional através do consumo de produtos de arte inteligente ou acrescentam uma sensação distintiva de perspetiva. É também uma componente importante da satisfação invisível dos visitantes.

    c. A Comunidade tem a ver com a identificação social em torno da marca (Muniz e O'Guinn 2001). Aqui citamos a "princesa" da Exposição Vidas Secretas das Princesas, como os visitantes significaram e se posicionaram através da ideologia da princesa. Para compreender os códigos ilustrados, a representação em torno de um mundo experiencial. Ao mesmo tempo, preencheu o sistema de significado que o artista estabeleceu. É um ninho de significados, os comentários espalham-se espontaneamente para uma área mais vasta. Mas o ninho é o ponto de partida da massagem ideológica.

    d. O envolvimento tem a ver com investimento pessoal e envolve lealdade, ligação e comunidade. O processo informa que a arte é muito mais uma parte da vida das pessoas. Como sugerido, uma economia semelhante à do cinema ou da música, em que é a apreciação por um grande público que gera o lucro. (Artcommodities.com)

3.3.2 Produto de arte inteligente para promover a marca

Dois dos principais rótulos do produto de arte inteligente seriam o imediatismo e os termos arbitrários relacionados com um determinado mercado de arte. Assim, se partirmos da análise de uma exposição como as feiras de arte, os marchands desempenham um papel fundamental na criação de arte inteligente para alcançar novos públicos através da colaboração internacional. O planeamento de produtos de arte inteligente é um dos factores disponíveis. O que se insere nas considerações do curador para promover o artista como marca através de um estudo relevante de marketing e dos media. A fim de reforçar rendimentos mais alargados, procurar que os detentores de arte inteligente apoiem o valor. Por exemplo, os termos: "Sair pela loja de recordações", tão inteligente como as experiências de visita. Em espaços de venda a retalho no museu ou no parque da indústria cultural, há uma forma de compreender o comércio de peças de arte e promover a luxúria num contexto não lúdico do símbolo da arte. Tal como aproveitar os meios de comunicação social, trata-se de uma questão de duplo pagamento. A viagem de visita à exposição não termina com a compra de produtos de arte inteligente, como a pista de visita acima referida. Além disso, a história das "peças de arte", mais do que a informação sobre o artista e o mundo da arte, pode ser o tempo das experiências de exposição, ou qualquer troca de interação com outros. Como as livrarias especializadas em arte e objectos, é referido noutro local. A experiência de marca funciona como uma viagem que os consumidores fazem em torno dos vários pontos de interação com a marca. Estes pontos de interação são os pontos de contacto da marca (Zomerdijk e Voss, 2010; Newbery e Farnham, 2013; Ranchhod Ashok, 2017). As exposições internacionais de arte orientam os consumidores a cruzarem-se em torno do artista como marca. Sem surpresa, as instituições incluem a publicação, todos os factores partilham esforços de investigação associados às colecções e geram um rendimento.

Com esta visão rotativa, há uma distância entre o valor intelectual e cultural e o valor económico das obras de arte, que se afasta quando se define o visitante como consumidor. Partindo do pressuposto de que se trata de consumidores da "loja de lembranças", conhecidos como "coleccionadores", tentamos poupar o grupo como potência fundamental para desfrutar da viagem de visita à exposição. De qualquer modo, não existe um esquema claro para os contabilizar, mas apresentamos a ideia na figura 2.

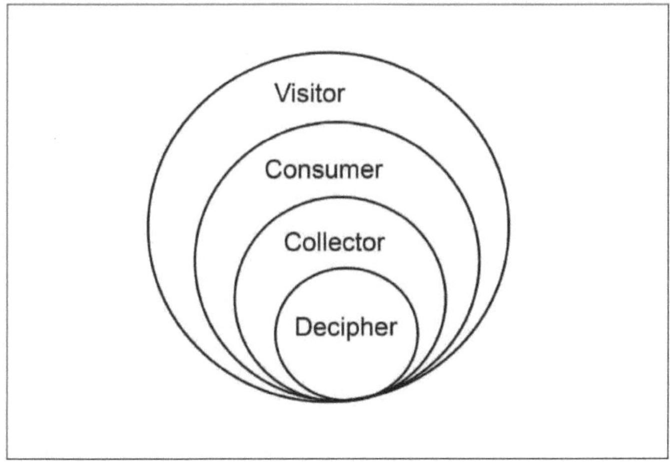

Figura 3.2: Relação entre os quatro papéis (Chia Fu, 2017)

O alcance da esfera parece estar a diminuir de fora para dentro, mas a aura da transmissão potencial que se estende vem de dentro. O sistema de significado que oferece uma narrativa pessoal autêntica e interessante contada na solução dos media da We (Dan Gillnor, 2001) espalhou-se. Isto sugere que o decifrador aqui informado é um intermediário para dizer aos outros o que pode ser significativo. O reconhecimento social é um dos maiores motivadores, intoxicando os participantes com gratificação e aprovação instantâneas. (Shayne Bowman & Chris Willis, 2003).

Alguns contribuidores ganharam o tipo de dinheiro que os bancos aceitam. A maioria contribuía pelo reconhecimento social que advinha do facto de ser um crítico de topo. Os 'gestores de reputação' que permitiam aos utilizadores e a outros recomendadores classificarem-se mutuamente tornaram possíveis mercados de opinião que funcionavam quase exclusivamente com base na gratificação do ego." (Howard Rheingold, 2002).

É por esta razão que estabelecemos o conceito de "grupo-alvo" a partir do conhecimento de marketing, "mercado de opinião" enraizado no facto de todos nós termos uma perspetiva, ou preconceito, que é moldado pela cultura, ou pelas "pequenas histórias", que habitamos (William E. Brown, 2002). E surgiu num agrupamento. O instrumento "Look-and-Feel" de uma exposição é a experiência do visitante, que vê a partir do seu interior e decifra a sensação de ter uma participação partilhada no sistema de signos da arte. Quando os papéis são trocados pelo consumo. "Decifrar", definido como fornecer valor simbólico mais amplo, no percurso das experiências de consumo, promove o trabalho do artista, e uma ideia subjacente é deslocar o conceito de artista para uma marca. Ou seja, a compra de um produto de arte inteligente comporta-se tanto como descodificação do artista como interação com o valor da marca. Isto significa que alguns aspectos do valor económico são trocados por valor social. Quando o debate passa a verificar a escolha do artista por um tema demótico que traz somas de rendimentos.

Em termos gerais

Todos os catálogos contêm mensagens adicionais antes do nosso estudo de caso. Na parte da identificação do texto, informámos três perspectivas: o pensamento semiótico, a estratégia dos curadores e as questões de branding. A nossa análise teve como objetivo obter uma melhor compreensão de uma exposição que gira em torno de sinais, da procura de troca de valores e do apoio a tipos criativos emergentes.

CAPÍTULO 4

O COMÉRCIO DE ARTE INTELIGENTE MOLDADO PELA ESPECULAÇÃO DO MITO

4.1 Exposição de Mika Ninagawa

A artista fotográfica japonesa Mika Nakagawa apresenta a exposição pessoal no estrangeiro Last 50 Days no Museu de Arte Contemporânea de Taipé (MOCA Taipei) na primavera de 2016. Esta exposição apresenta as suas fotografias em séries construídas ao longo de 20 anos. Quando começamos por prestar atenção ao local desta exposição, o MOCA Taipei. Construído em 1921, o antigo edifício da Câmara Municipal de Taipé foi originalmente a sede da Escola Primária Jan Cheng. No pós-guerra, foi utilizado para albergar a administração da cidade e tornou-se um marco importante para os cidadãos locais. Situa-se na "zona oriental" da cidade de Taipé, com muito trânsito e actividades. O MOCA Taipei tenta ser a cena artística taiwanesa de um modo geral, constituindo um ponto de referência privilegiado para os cidadãos locais e os visitantes estrangeiros trocarem experiências. O museu sempre esperou atingir os três objectivos seguintes:

a) Promover a criação artística diversificada e as exposições;

b) Permitir uma nova perspetiva e pensamento do público;

c) Oferecer ao desenvolvimento das cidades contemporâneas criatividade e energia contínuas.

Desta vez, em colaboração com a exposição de Mika Nakagawa, o MOCA Taipei ocupa todo o edifício para a curadoria da exposição, incluindo também cantos com paredes de escadas, abertura de vidros, janelas de madeira, etc. Em combinação com a fachada arquivada do edifício, a identificação visual é explosiva durante a exposição. A exposição está repleta de trabalhos fotográficos de Mika. Quando nos apercebemos da ligação entre a decisão dos curadores e o local do MOVA Taipei, encontrámos três formas possíveis de produzir essa relação:

- Realizar uma ação concertada entre a construção japonesa e o tema da filosofia japonesa.
- Escolhas de artistas contemporâneos que se dedicam às artes visuais
- Comunicação eficaz com o público, que cresce no trabalho de equipa da profissão MOCA Taipei, com ligação à imprensa e aos meios de comunicação social do MOCA Taipei.

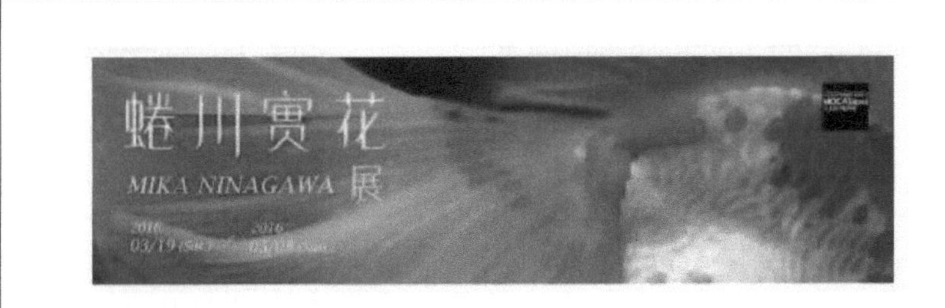

Figura 4.1: Cartaz da exposição de Mika Nakagawa (http://www.mocataipei.org)

21

A descodificação como prática de significação, nesta parte, tentamos começar com a forma expressiva e o tema das escolhas estéticas de Mika, concentrando-nos nos significados da filosofia japonesa, durante a exposição, que se centrou no "peixe dourado", na "Sakura" e no "crisântemo" em todo o percurso da visita. As três personagens existem naturalmente, comportam-se de forma delicada e vulnerável perante o poder, mas com um forte sentido de beleza.

Peixe dourado

série "peixes dourados", em instalação vídeo e fotografia. "Enquanto enxames de peixes dourados nadam em tanques de água transparentes, obviamente apinhados, com grandes capuzes vermelhos, corpos tenros e coloridos, olhos brilhantes e luminosos, atraem os transeuntes num fundo fluorescente de água e espuma que é por vezes azul-púrpura, por vezes verde brilhante.

Além disso, os seres humanos que costumavam manter estes peixes mutantes são mostrados como figuras desfocadas e oscilantes, aparecendo de um lado para o outro no fundo das ruas do mercado. Intencional ou inadvertidamente, são mostrados de uma forma que minimiza o original.

Para além disso, o tema do "peixe dourado", que significa criatura criada pelo homem. Tal como os catálogos da exposição indicam, o artista sublinhou os valores estéticos artificiais, nadando sem objetivo durante um período de tempo gelado, partilhando um fator genético transparente e sendo visto pelos outros com olhos frios.

Sakura

A "Sakura" teve uma floração explosiva, mas curta. Os visitantes conseguem muito facilmente libertar-se e esvaziar-se num oceano feito de pétalas cor-de-rosa. Seja qual for o código, parece que o terreno para "Sakura" e a lógica da "beleza desaparecem" ou a definição sobre "imperfeito".

Cuidar da flor é definido como relaxamento civilizado, como a vida nocturna, a ilusão aconteceu após o desejo básico de viver.

É totalmente uma área de visualização, que pura fora do gozo do desejo material. "Sakura", com uma estação de floração curta, mas que circula todos os anos na mesma altura, o que tende a ser o "tempo" entre o aparecimento e o desaparecimento.

É a abreviatura de uma performance da forma japonesa de tragédia: lamentosa em silêncio.

Como os movimentos de dança que se mantêm lentos mas armazenam energia. Para além disso, "Sakura" é o código das escolhas culturais do continente que segue a orientação dos valores culturais da aristocracia japonesa.

A "Sakura" e o "Samurai" partilham um destino comum na aristocracia japonesa, culturalmente independente da influência da dinastia Tang da China histórica. O que quer dizer que a morte pode ser a alternativa, mas o nascimento não pode ser. Por fim, as escolhas são uma espécie de postura de beleza final! Este é o conceito japonês único de morte, tal como o existencialismo contemporâneo. (Tongjun Li, 2014)

Quando as Sakuras florescem e os dias de seca se aproximam, há festivais especiais para as celebrar. Além disso, os japoneses usam a Sakura para adivinhar o destino, e orgulham-se do facto de os grupos humanos poderem desfrutar de tal beleza da natureza. A Sakura transformou-se lentamente numa formulação de estilo de vida diferente do comportamento de outras nacionalidades, que a tornam única e marcante.

Crisântemo

"Crisântemo", caracterizado pelas cores super-saturadas de Mika e pelo enquadramento cinematográfico. Os crisântemos da fotografia de Mika não existiram na realidade, são feitos pelo homem, tal como os peixes dourados. O crisântemo branco e vivo, depois de absorver os pigmentos, até ser transferido para o que a artista precisa para a sua criação.

Ela quer manter a fusão perfeita entre a marca natural e a pressão artificial. A maior parte das categorias de "crisântemo" são nativas da Ásia Oriental, para examinar a forma como as pessoas - a natureza, se ferem umas às outras. O crisântemo é uma boa escolha consistente.

Esculpindo por características culturais que, nomeadamente, o gentil e cultivado como estereótipos, para esta época, quebrou as regras por Mika. No seu trabalho, os espectadores já não podem verificar o ponto de vista do tradicional ou do modernismo, o objeto mudou pela semântica do tempo, uma compreensão ativa como multicultural, brilhante, florescente, para além da forma dos limites, sob o pensamento da histeria leva a voz da artista feminina e a subjugar os outros.

A distância entre o espetador e o artefacto crisântemo, através do controlo das regras da fotografia de Mika, é talvez mais conhecida pelas suas representações icónicas de flores. Em particular, a parte oculta da inspiração que discute na próxima interação aura arquivada.

Como ponto de descodificação do valor intelectual dos artistas (a verdadeira fonte de valor), é particularmente preocupante que Mika tenha expressado profundamente a observação num objeto real que apresenta as características da reflexão filosófica japonesa sobre a vida. Este pensamento típico é seguido por "Mono no aware" e "TANBI". Como nota Mika: "Comecei inconscientemente a captar as coisas à minha volta, como se estivesse no centro de um vórtice". Ela cria quantidades de ilusão para a auto-descoberta, procura as obras no meio do virtual e da realidade. Através da textura real, o mundo é explorado, enquanto o público pode sentir as vozes do desejo profundo. "TANBI" representa outro género de visão japonesa que, contra o naturalismo, define a conotação de tragédia para compreender o mistério da vida da cultura oriental. Este é um caminho que tentamos descodificar a consciência acima do seu trabalho criativo com "TANBI". É um termo geral que significa adoração e busca da beleza, mas usado para descrever o amor homossexual para uso antigo (ou seja, foi substituído pela escrita em massa). Como as escolhas culturais, o jogo existe e os participantes comportam-se de forma inconsciente. E costumavam não admitir as suas tendências culturais diretamente na vida quotidiana. A parte mais calma e madura, que é uma forma muito pessoal (Li li, 2016). Fazem-no de forma independente e inovadora, raciocinando numa posição estoica e abstendo-se de falar. O sentido estético da procura foi-se separando gradualmente do desejo material, mas a beleza pura e a ideologia do despertar preocupam-se com eles próprios, ficam fascinados com a retirada do pensamento. Este é um grupo cada vez maior, vamos identificá-lo aqui: é o grupo-alvo de Mika enquanto artista de vanguarda que comunica com o consumo de massas.

Em contrapartida, o ideal estético da literatura japonesa clássica, "Mono no aware", pronuncia-se aproximadamente como "moh-noh noh ah-wah-ray". Mono no aware implica uma "sensibilidade", a consciência e a reação a algo: um objeto inanimado ou um ser vivo, ou uma resposta emocional de outra pessoa. Atualmente, o conceito parece ter mudado para o significado de "miserável", embora os japoneses, mesmo com menos de vinte anos, tenham sentimentos de mono no aware quando vêem algo a desmoronar-se em ruínas (Todd Shimoda, 2012). Os japoneses modernos já não usam o termo explicitamente nas conversas quotidianas, pelo menos o seu significado original é o sentimento que se tem quando algo se afunda calmamente na nossa mente (Takahisa Furuta, 2012). O termo "sem consciência", em particular, significa mais leve do que o sentido de tragédia, é uma espécie de aceitação com a variável. Enquanto se registam os detalhes do objeto, aprende-se a linguagem sazonal para estar vivo. Um objeto engenhoso de aspeto sedutor e forma atraente é a apresentação para a criação de Mika. Estes três códigos principais foram seleccionados para o plano de produção de arte inteligente. Como mostra a figura 4.2, os registos da exposição na coluna da direita (potenciais coleccionadores), os exemplos de produtos de arte inteligente (ou seja, descarregamento dos registos da exposição e da página inicial do artista) na coluna da esquerda. Colocámos de lado uma seta de duas cabeças com "A", que pretende criar uma perspetiva de transferência de significado "Mito como metáfora" para equilibrar os dois lados da explicação do texto. Ser a prática significante é, acima de tudo, uma conceção semiológica (Wren-Lewis, 1983). O "A" oferece aqui o controlo da ideologia dos signos. Ao contrário dos modelos anteriores, não procedemos a estabelecer as "duas partes" estruturais do signo associadas à descodificação. Mas preferimos Kathy Myers observa aqui: "no espírito de uma semiótica social pós-estruturalista, que Tt pode ser enganador procurar as determinações de uma leitura preferida apenas dentro da 'forma e estrutura' do texto " (Myers 1983, Dannel Challer, 2016). É por isso que "A" aqui, a abertura do código conotativo significa que temos de substituir a noção de "leitura preferida" por outra que admita uma gama de alternativas possíveis abertas ao público (Myers, 1983). Além disso, oferecemos o pensamento "Mito" do facto estatal, ilusão moldada pelos códigos, ou seja, "TAIBI" e "Mono no aware". E colocámos "B", "C" em estudos de casos seguidos. Estes casos são uma chamada de atenção para a comparação e o contraste de textos emparelhados. Em vez de inferir com exatidão de um lado para o outro, fornecemos a revelação do significado simbólico escondido para um consumo cultural alargado.

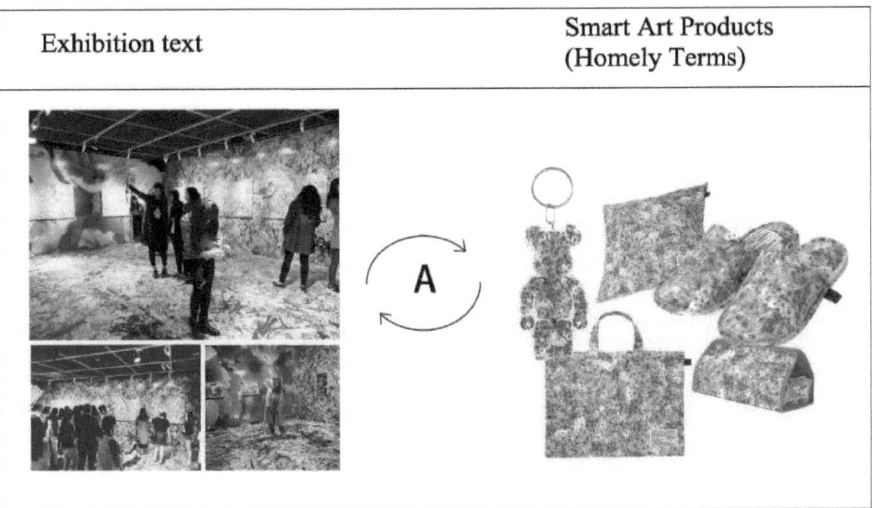

Figura 4.2: Descrição funcional "A" no sítio de exposição de Mika Nakagawa (Fotos: http:// www. mocataipei.org)

Em termos de viciado no objeto, que a sua câmara fica extremamente fechada. "A" aqui, que transforma a ilusão em realidade, é o storyboard acima da extração, histórico, qualidade do colonialismo. O "Mito" como o sussurro durante a aura da exposição (por exemplo, a ferramenta do "Mito" com a dupla cabeça que informa o significado inocente, actua economicamente, desbloqueia o "texto" e impulsiona a comunicação tanto quanto os visitantes possam). Além disso, do ponto de vista do marketing artístico, a exposição situa-se na estação intermédia entre a arte comercial e o público, a ligação entre a vanguarda e a recolha de subcomponentes dos visitantes, tais como a interação, a ligação, a comunidade e o envolvimento (por exemplo, já os debatemos no capítulo anterior). Além disso, é possível que os visitantes comecem por conhecer a marca, passando para as atitudes e, finalmente, para o envolvimento (Wanick Vanissa, 2017).

4.2 Exposição As Vidas Secretas das Princesas

Rebecca Dautremer, uma artista ilustrada do mundo da arte contemporânea. Oriunda de França, expôs os seus retratos mais vendidos da série "As Vidas Secretas das Princesas" no Parque Criativo "1914 Huashan", em Taipé. O local da exposição, fundado por japoneses em 1914, era antigamente uma adega e um gabinete governamental. A transliteração de "Huashan" era parte do nome de um governador japonês. A ligação entre o edifício antigo e o planeamento dos curadores evoca a memória da história, tal como Rebecca é viciada em coisas antigas e inspirada por elas. O objetivo do serviço do Parque Cultural e Criativo de Huashan foi proposto: "Actividades criativas, cruzar disciplinas na forma de arte e aproximar-se da vida quotidiana." A política adoptada centra-se sobretudo na moda e no entretenimento próximo do público. Além disso, a agência curadora desta exposição - a agência "Haomiao" - ofereceu o serviço profissional de venda de produtos de arte inteligente, preocupação com os meios de comunicação social e navegação ativa, etc. Mas, em contrapartida ao intermediário que representa a importação de "texto" da cultura ocidental, a "HaoMiao" raramente se pronunciou sobre este projeto.

O conteúdo da exposição "Vidas Secretas das Princesas" inclui 28 livros de ilustração, pinturas originais ilustradas, artigos para atelier, operações de refazer cenas, produtos de arte inteligente: Princesas de Petsec, Princesas de la nuit, Princesas Kouskah, Princesas d'Esperluette, etc. O espaço foi a casa da fábrica nº 3 do parque "Huashan". Além disso, o percurso na parede seguia o guião de "Princesas" e cada canto era uma publicação de ilustração. A história não é apenas um conto de fadas, mas um significado em relação à personagem. O sentimento sensível de Dautremer para captar sinais da realidade. Quanto ao feedback da publicação, a classificação do público foi confusa. Mas quando a exposição foi apresentada em Taipé, a questão parece desvanecer a cor do brilho. A maioria dos visitantes são jovens, o tema da ilustração infantil não existia. A expressão "palavra", em vez de "sinal", foi substituída por uma comunicação direta, que permite a transculturação, sem qualquer constrangimento. De facto, os visitantes do sexo feminino e os coleccionadores de ilustrações são a maioria. Envolvidos no percurso de análise dos signos de Rebecca Dautremer, começámos por editar a leitura de interação dos signos. Aqui retirámos três comentários de colunas de crítica de livros de diferentes redes sociais.

- É mais um catálogo do que um livro de histórias. Rebecca Dautremer inventou uma variedade de mulheres excêntricas, como a Princesa Bárbara de Babel, que "fala uma infinidade de línguas, a toda a hora". Ou a princesa Claire Voyant, que "lê cartas de tarot, folhas de chá, palmas das mãos e até as patas das aranhas". Se forem observados com atenção, revelam mais segredos do que o texto. Um certo tipo de criança pode gostar do jogo de palavras e do humor malicioso, mas muitos acharão este compêndio mais frustrante do que divertido (Miriam Lang Budin, 2010).
- Há a Princesa Cabeça Quente, um estudo em vermelho ardente, que "prefere brandir uma espada a tocar piano". E a Princesa Molly Coddle, prima da rapariga exigente de "A Princesa e a Ervilha", que "nunca hesita em exigir o impossível". As ilustrações de Rebecca Dautremer estão em perfeita sintonia com o humor do retrato

em prosa de cada princesa, por vezes sofisticado e espirituoso e cheio de ângulos estranhos e pormenores bizarros. A Princesa Do-Re-Mi tem o tipo de corpo de um violino curvo; a Princesa Oblivia (ou seja, esquece-se de tudo) usa um chapéu cheio de buracos por onde passam as folhas (Karen Cruze, 2010).

- A princesa Somnia, em tempos de passeio, de preguiça de proprietários tão luxuosos, disse ao mundo que estava a dormir. Nesta família real não há coroa, a não ser uma touca de dormir, não há vestidos de luxo, a não ser um roupão. A sua filosofia de pensamento é a de se deixar levar por tudo, deitando-se preguiçosamente em frente ao infinito macio (Cherry, 2016).

Quando a palavra "princesa" aparece numa conversa, é mais fácil implicar um certo grau de luxo e distância. Isto causa o sentido de associação, a codificação direta do artista quebrou o sentido, em vez de ser clara. De antemão, os espectadores acima seleccionados, tomamos conhecimento deles como decifradores. Não têm de aceitar completamente os códigos de Dautremer. Assim, partilham opiniões como um portador invisível que é consequência de experiências pessoais, posições sociais, etc. Além disso, é bastante popular na metáfora e na criação publicitária, utilizada para medir a chegada de informação. Stuart Hall (1996) afirma que: "Os sistemas de signos dos leitores... falam connosco tanto quanto nós falamos neles e através deles. O momento da descodificação: O momento da descodificação: 'o momento do consumo da receção pelo espetador', que é considerado pela maioria dos teóricos como mais próximo de uma forma de 'construção' do que da 'passividade', sugerida pelo termo 'receção'". As experiências de vida e a sofisticação literária são dois pontos-chave quando se tenta decifrar um comentário. Mas as experiências de interação da "princesa" aproximam-se da construção de uma forma "pessoal", evidenciada por pormenores específicos. Um texto aberto, que mistura elementos, cria uma ligação afectiva com o artista, bem como uma forma de preencher o sistema de valores.

O quadro abaixo baseia-se em dois elementos do signo, o significante e o significado (por exemplo, um signo tem de ter um significante e um significado (Saussure, 1974). A estrutura do nível de significação associada à denotação e à conotação (ou seja, a conotação, em suma, produz a ilusão de denotação, a ilusão de que a linguagem é transparente e de que o significante e o significado são idênticos (Silverman, 1983)). A denotação das imagens visuais representativas era o que todos os espectadores, de qualquer cultura e em qualquer época, poderiam ter reconhecido a imagem como representando (Panofsky, 1970). Em termos de descrição da relação entre o significante e o seu significado, é feita uma distinção analítica entre dois tipos de significado: um significado denotativo e um significado conotativo. Os esquemas de imagem visual são os três quadros seguintes: Princesse de la fatrasie , Princesses d' Esperluette, Princesses Ding et Dong, na prática institucional destacam factores sociais e práticas de produção.

Princesse de la fatrasie	Signifier	Signified
	Green Household dress	Housewife
	Raised her left hand	Nervous tense
	Loudspeaker	Puzzling and conflict
	Words spray	Quarrel
	The bloody red shield	Weakness and Strength
	Soldiers, Red	Overwhelming
	Alignment of spears	Insist on...

Figura 4.3: Análise da Princesse de la fatrasie no modelo de duas partes do signo (Chia Fu, 2016)

Princesses d'Esperluette	Signifier	Signified
	Tall table lamp	Knowledge
	Reading	Comfortable
	Glasses	sensation
	Book	Reading life
	Pieces words	Step by outside world
	high-legged Chair	Oddity
	Small naked feet	Careless of gossip words
	Ladies' Shoes	Self management
	Be looked-down	

Figura 4.4: Princesas d'Esperluette no modelo de duas partes do sinal (Chia Fu, 2016)

Princesses Ding et Dong	Signifier	Signified
	Her Black Hair Style	Elaborate plan
	Two faces	psychological activity
	Dramatic expression	Different opinion
	Tea pot	Tea cultural
	Cup of tea	Social skill
	Wide Sleeve	Traditional way
	Corpulence dress	The host
	Flower and colourful	Illusion
	Small wood table in the central	Slick language game around her

Figura 4.5: Princesas Ding e Dong no modelo de duas partes do signo (Chia Fu, 2016)

Envolvida com a semiótica e a ideologia, de facto, a compreensão do texto implica a tomada de consciência da força ideológica que a realidade relevante trama (ou seja, as forças ideológicas que procuram naturalizar os signos (Culler, 1985)). Diferentes grupos de códigos constroem a "princesa" específica, que também fundamos por meio de arte inteligente, produtos de obras gráficas.

De facto, elementos como ter um sentido de controlo, desafio ou aspectos de novidade e feedback podem aumentar o envolvimento no local de exposição. (O'Brien e Toms 2008, Wanick Vanissa, 2016) O mundo das personagens de Rebecca, em primeiro lugar, para recordar os pormenores claros da protagonista: uma jovem tímida e autoconsciente; uma mulher culta e inteligente, uma mulher bonita, muito amada e realizada, a mulher amável e leal de Maxim, a mulher simpática e extrovertida, uma mulher vulgar, coscuvilheira e rica, etc.

Cada uma destas histórias desempenha o papel da pista que revela um segredo maravilhoso: as relações estruturais entre os vários significantes e a realidade.

A visualização semiótica ajuda-nos a tomar consciência do que tomamos como garantido na representação do mundo. Victor Burgin observa: "Uma ideologia é a soma das realidades assumidas da vida quotidiana." (Burgin, 1982). Pretendemos mostrar a relação entre "ideologia" e "vida quotidiana" na exposição The Secret Lives of Princesses. A seguir, "B", do ponto de vista das actividades de interação, oferece um ponto de vista de texto cultural que considera o fenómeno do mercado de arte inteligente.

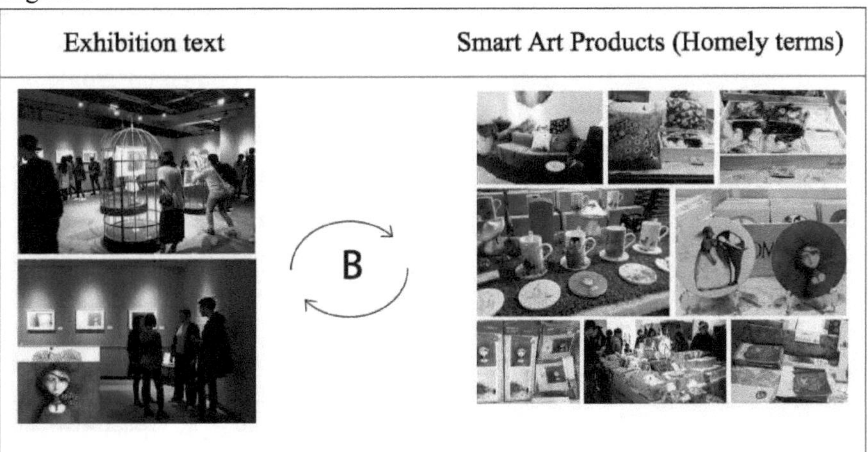

Figura 4.6: Descrição funcional "B" no sítio da exposição Vidas Secretas das Princesas A partir da ilustração de Rebecca, os signos foram embalados: pequenos heróis sombrios, a encantadora Alice, o malvado Carabosse, o terrível Gancho, todos saídos dos livros.

A um nível mítico, entendemos este "B" como "realista", aparecendo como um insight.

O processo de descodificação tem ajudado o leitor a aperceber-se e a estabelecer sistemas de signos (por exemplo, um papel significativo para o descodificador, bem como para o codificador). (Hall, 1996)

Tem procurado estudar artefactos e práticas culturais de qualquer tipo com base em princípios unificados, trazendo, no seu melhor, alguma coerência aos estudos culturais e dos media. (Daniel Chandler, 2014) De alguma forma, estes códigos exigem uma crítica mais profunda em particular. Por exemplo, a situação feminina, o comportamento invulgar de uma pessoa na vida quotidiana. Seja a comunicação inter-cultural, a impressão detalhada indica que um grupo crescente considera as experiências femininas, bem como a sua propriedade social. Para as práticas de criação de significado, para descobrir como as pessoas em diferentes sociedades sinalizam umas às outras através de gestos, vestuário ou decoração. Mas se quisermos saber o que todas estas coisas diferentes têm em comum, então oferecemos um ponto de vista semiótico, um ponto de vista a partir do qual podemos examinar o nosso mundo (Sless, 1986; Dannel Challer, 2016).

4.3 Ler a exposição de tinta

A artista de caligrafia do modernismo Grace Tong, de Taiwan, que retirou as suas 20 obras da caligrafia "Silent Movement" em 2011, partilha uma plataforma através da exposição "Read the Ink". Em 2016, colaborou com seis designers de moda. O trabalho de "Silent Movement" tem sido tentado recriar essa forma cruzada de transmitir ao público. Ou seja, canção pop, dança moderna, teatro, programa público de museu, etc. De facto, o tema da exposição "Read the Ink", para além da tradicional arte a tinta sobre a linguística tipográfica, insiste em cruzar-se com o comportamento de outros géneros artísticos (por exemplo, o trabalho de caligrafia de Tong como perspetiva linear que organiza o espaço, o ponto e o círculo).

Erwin Panofsky gerou uma controvérsia considerável ao afirmar que a perspetiva linear era uma "forma simbólica" - um sistema de convenções historicamente situado para representar o espaço pictórico que reflectia a visão do mundo cultural dominante no Renascimento italiano (Edgerton, 1975). De acordo com Grace Tong: "A caligrafia é uma arte ancestral da cultura oriental, e eu pretendia fazer o tipo de letra do modernismo. A tecnologia de software podia trazer-lhe a linha lógica, mas eu preferia que os visitantes jogassem o jogo da linha, ou seja, mais interessante, porquê as escolhas de moda? Porque quero chamar a atenção das massas". A "linha de tinta" do trabalho de Tong insistiu num papel central desde que ela começou a criar caligrafia por volta dos 30 anos de idade.

Grace Tong chamou a atenção para o potencial de decifração dos jovens: A codificação com as capacidades de escrita e a criação espiritual na linha de tinta, a conceção, a morfologia e a perceção do espaço a partir da performance tradicional. Ano após ano de prática, Grace Tong estabeleceu um sistema de significação funcional e particular que organiza uma conversa entre a moda e o público. Durante este tempo, trabalhou com 6 designers enérgicos para tornar possível o significado. Para fazer a ponte entre os códigos da arte da tinta e a forma do design, a equipa aceitou e reproduziu a leitura de textos, procurando um sentido de códigos "naturais" e "transparentes". Da mesma forma, os designers, ao compreenderem a referência contemporânea de Tong, propuseram uma conceção comparativa do "design de textura" para abordar este processo de significação: o material mostra o processo de aprendizagem e fruição da caligrafia (por exemplo, seis designers com o método e a aplicação do material na não-agressão). Os sistemas familiares de descodificação de um signo estão fora do imaginário do público até acontecerem. Inconscientemente, o modo de descodificação relaciona os designers com o pensamento autoimposto sobre a linha, o trabalho de caligrafia original, o nível Mito. É esta utilização significativa dos signos que possui as preocupações da semiótica. Assim, as texturas tácteis abstraem de uma grande variedade de utilizações, especialmente em papel especial impresso digitalmente, camadas de tinta brilhante e superfícies mate, todas elas têm atraído a atenção dos espectadores e transformam-na num interesse físico para um sistema de valores com curadoria.

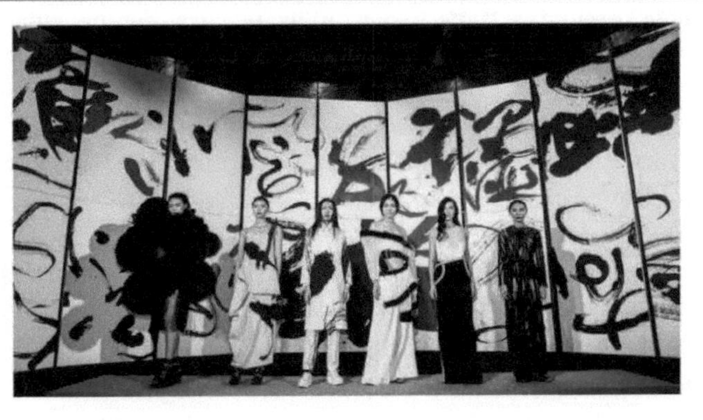

Figura 4.7: Conferência de imprensa de abertura da exposição (http://www.chinatimes.com)

Diferentes decifradores abordam a caligrafia, os seus discursos particulares seriam o design thinking e as escolhas particulares de transferência. Está relacionado com a sua formação profissional, especialmente com os conhecimentos técnicos, bem como com as condições de organização e o desejo de experimentar. Para um dos decifradores: Justin Chou centrou-se na técnica da escrita (por exemplo, a dimensão química) como suporte da atividade interpretativa. O signo traça o elo entre a noção de tinta e a expressão psicológica, tal como é dada a evidência "decifradora" dos sentidos. Justin Chou sublinha o funcionamento do contraste sobre as propriedades das fibras e a impressão termográfica.

Technique of writing	Signifier	signified
GAN Ink brush without water, Separate the brush's peak.		
SHI Ink brush with much water, splash method, ink dripping.		

Figura 4.8: Desenho de Justin Chou prática de descodificação (http://wdc2016.taipei)
Toda a discussão preliminar que Chou utilizou para compreender a lista de competências de escrita a tinta que se segue, além disso, Chou estava a dar uma interpretação no local.

- **JIAO($^\wedge$): O pincel mergulhado em coque natural, resulta num preto fantasmagórico. Destacar o ponto de gancho ou rachado, o espaço de imagem de preto escuro como difícil de respirar.**
- **NONG(i$^\wedge$): Puro de preto grosso.**
- **GAN(^{2} F): Pincel de tinta sem água, produz experiências vigorosas e etéreas entre a tinta e o papel. Uma sensação de afunilamento da área do preto.**
- **DAN($^\wedge$): A proporção de água e tinta no estado automático.**
- **SHI(fi): É uma experiência de chuva, porque o ecrã do papel absorve bastante água da tinta, o papel específico expande-se como uma esponja.**

A leitura negociada (Hall, 1980) encoraja uma interpretação específica do descodificador ligado. Partindo do princípio de que os criadores partilhavam o código, o recetor, pelo contrário, dedicou a sua própria experiência à informação. A interpretação que Justin Chou deu seguiu os princípios e o fabrico. Homme Van Lab permutabilidade com Grace

O trabalho de caligrafia de Tong permitiu-lhe explorar o pensamento ilusório. Para além disso, o tipo de compreensão da sua criação poderia fazer avançar a ordem do Mito. Quanto ao nível do significado, a maioria dos comentadores que adoptam o modelo de Saussure continuam a tratá-lo como uma construção mental, embora notem frequentemente que pode, no entanto, referir-se indiretamente a coisas no mundo

(Daniel Chandler, 2014). Mas, tendo em vista o lucro e a conveniência, o valor cultural integrou outros desempenhos ao longo dos tempos para atrair mais atenção.

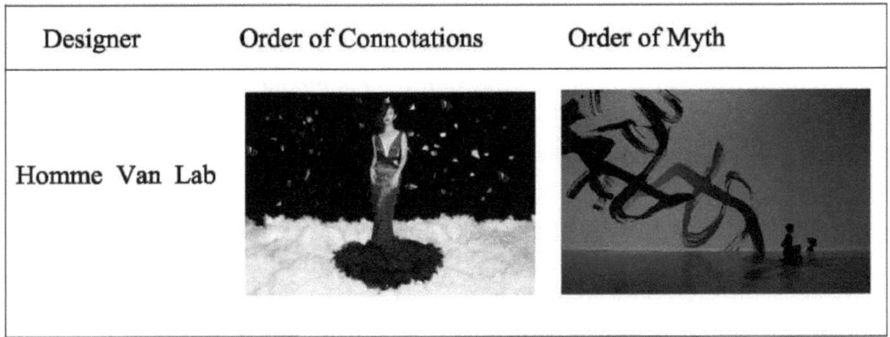

Designer	Order of Connotations	Order of Myth
Homme Van Lab		

Figura 4.8: Desenho de Homme Van Labwork prática de descodificação (http ://homme vanlab. com)

Quando os "leitores" analisam as distâncias entre o preto e o branco na linguagem da visão, as experiências das metáforas surgem em catadupa. Na maior parte das vezes, o espírito de vazio da arte a tinta é difícil de descrever com rigor, mas os artistas tentam sempre exprimir-se em vários significados. Entrar no "vazio" não requer apenas tempo e espaço, mas também a perspetiva individual. Grace Tong, que é um conceito do budismo, enfatiza a "linha de tinta", que exprime o espaço de respiração, que envolve a ordem do Mito quando um sistema de símbolos é construído. Também a designer e bailarina opera o signo relacionado com o realista. Confirma que o Mito tem, de facto, uma dupla função: assinala e notifica, faz-nos compreender algo e impõe-no-lo (Daniel Chandler, 2014).

A lógica da moda do trabalho de design da Homme Van Lab assenta no equilíbrio entre o espírito real da época e o meio contemporâneo de Grace Tong para representar o caligráfico. Partindo do princípio de que esta trama é clara, beneficiaremos da extensão do sistema de valores da marca. A tarefa mais básica de interpretação envolve a identificação do que um sinal representa (denotação) e pode exigir algum grau de familiaridade com o meio e os códigos representacionais envolvidos (Mick & Politi, 1989; Daniel Chandler, 2014).

Outros designers, à luz da familiaridade com o meio, como Cheiehms, utilizam os materiais mais simples e finos, como a seda e a gaze, criando um design quente e orgânico. Chao Yen centra-se na "perspetiva", uma visão através da linha caligráfica da superfície bidimensional para a visão 3D de um corpo. (por exemplo, o artista Albrecht Durer recordou-nos que "perspetiva" é uma palavra latina que significa uma vista através de "algo" (Panofsky, 1970; Daniel Chandler, 2016), Jerry Wang descreveu as características da reação química do papel de pintura típico. Tentou mudar uma fase para perceber a produção de Tong, que observa "dissolver-se dentro e dissolver-se fora". Protótipo de pincel de pintura digital ApuJan e, em seguida, corte para design. O ouro para alto desempenho, decifra os pontos de reputação social. Na verdade, é também a mudança do mercado de arte tradicional comum. Os objectos físicos, para além de proporcionarem aos visitantes o acesso à experiência da moda, representam as suas instituições produtoras através de um valor simbólico. As posições do texto cultural suportam várias ordens de situações de interação e ajudam a desenvolver uma decifração para além dos visitantes imediatos. A maioria dos visitantes de galerias de arte que desejam continuar a envolver-se pessoalmente com a exposição fazem-no através da compra de catálogos ou livros de museu (Sarah Anne Hughes, 2014). É suposto discutir "As descodificações individuais" de um texto não se reduzem a uma consequência direta da posição de classe social (Morley, David, 1992). qual o impacto da venda em tipos de formatos digitais tem sido o interesse de termos caseiros impressos. Assim, consideramos aqui que o tema da exposição divide os visitantes em grupos. Seguindo os potenciais dispositivos no processo de descodificação individual através do desejo de continuarem envolvidos no sistema de signos do artista.

É de salientar que, indubitavelmente, se assiste a uma forte viragem para os formatos digitais de ficção, de referência e de imprensa.

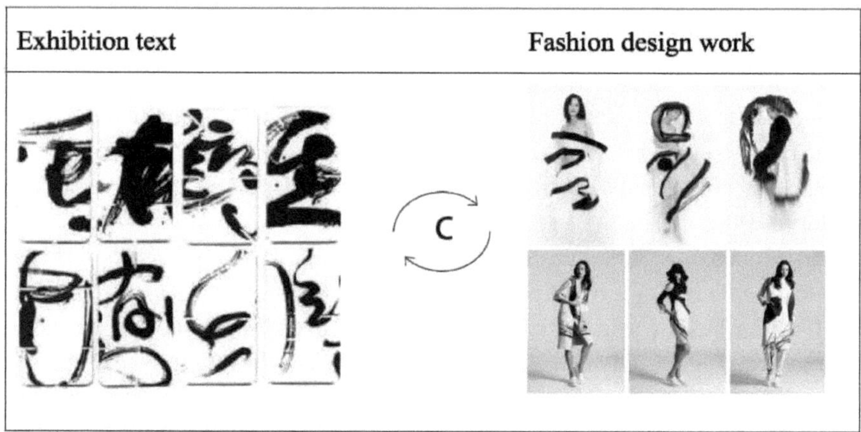

Figura 4.10: Descrição funcional "C" na exposição Read The Ink
(http://www.eslite.com)

A coluna da direita destacou os trabalhos de design de Shao Yan e ApuJan, realizados através do fabrico de suportes em vez da exposição estática. Shao Yan investigou as estruturas dos caracteres chineses da caligrafia e deu ênfase ao início e ao curso da linha. Argumenta-se que algumas áreas do significado da arte da tinta se articulam sem qualquer contorno e aguardam uma interpretação "fresca" revelada. O "C" aqui, ao contrário do "A" ou do "B", neste texto, o "C" não orienta a venda democrática dos códigos. Em alternativa, a sua transferência é mais complicada pelo estado intermédio entre o caligráfico e o "tema demótico e lúgubre". O design de moda faz a ponte entre os cursos que Grace Tong fez para o público. No entanto, uma progressiva profissionalização da posição do curador já se tornava evidente (Christophe Cherix, 2008). "C" ajuda-nos a dar sentido às nossas experiências dentro de uma cultura como expressão acima. Em termos de mercado de arte, associe-se à curadoria de Grace Tong, anos a anos: coopere com os designers de moda, partilhe revistas de moda, vídeos e jornais de valor social. De um modo geral, nestes casos de curadoria, como afirma Christophe, a maioria das exposições mais influentes foram organizadas por profissionais de arte e não por artistas. Os futuros coleccionadores estavam a ser decorados com preto, com os holofotes a incidirem sobre a obra. A fim de se concentrarem em impressões de distanciamento, silêncio, natureza ou mesmo místicas, o espaço de exposição cedeu mais oportunidades de interação com os visitantes. Além disso, esta tendência de frescura deriva da produção de arte inteligente por acesso digital.

O que é que o "signo" continua a operar o afeto "ideológico"? Em relação aos comentários digitais tecnológicos, de marca, jurídicos e sociais. A relação entre o valor simbólico e o valor económico, a divulgação pública e a acessibilidade destas obras de arte digitais resultará no aumento do seu impacto social, o que, por sua vez, aumentará o valor monetário da sua propriedade privada (Paolo Cirio, Lda.). Depois do discurso "mediático" - aqui referimo-nos à exposição "Read the Ink", em particular, o "ideológico" juntou-se ao valor da marca, oferecendo estas capacidades de associação entre o valor económico e o valor simbólico da arte contemporânea.

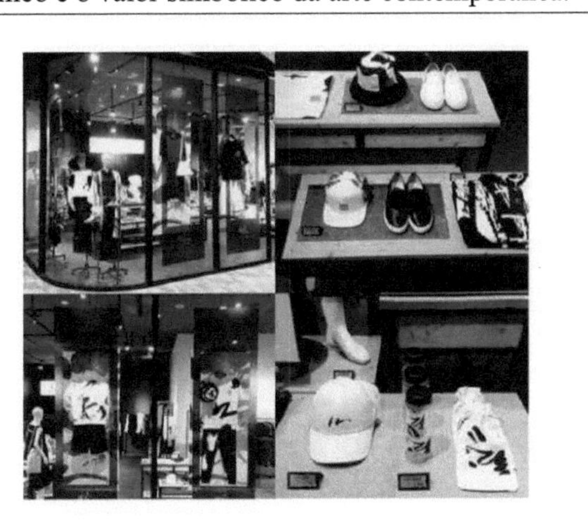

Figura 4.11: Produto de arte inteligente da exposição Read The Ink
(http://www.imgrum.org)

As imagens descarregadas representam um potencial de visualização, a partilha de peças de arte é um estilo de vida popular através da venda de lucros. Os ficheiros digitais permitiram a posse com o consumo do mercado da arte demótica. Entretanto, as fotografias marcam o aumento da produção no mercado da arte inteligente, mas também o domínio do dinheiro em qualquer discussão sobre arte contemporânea. Um equilíbrio entre a lógica de um mercado de arte que prospera ao privilegiar o objeto único, e uma cultura visual contemporânea que exige e é melhorada por uma maior acessibilidade pública. O produto smart art vende-nos algo mais do que bens, e esses bens são intercambiáveis, estão a vender-nos a nós próprios. É isto que retiramos do universo semiótico para nos aproximarmos.

CAPÍTULO 5

BENEFÍCIOS DE UMA ANÁLISE DE TEXTO CULTURAL

Desde a prática significante em estabelecer as convenções subjacentes, identificando diferenças e oposições significativas numa tentativa de modelar o sistema de categorias, relações, conotações, distinções e regras de combinação empregues (Culler, 1985; Daniel Chandler, 2016). Como sugere, apresentamos três textos típicos através do modelo de observação da arte do parque criativo de Taipé. Esta investigação defende o poder dos meios de comunicação social e das relações públicas na direção artística no que diz respeito à relevância da gama de conteúdos para explorar o mercado da arte inteligente. Não se trata apenas de tentar compreender o fenómeno contemporâneo recente, mas também de aceder à informação sobre o valor simbólico na troca de um elevado valor económico, em especial, reflectirá sobre as seguintes questões nesta secção.

5.1 Chegar a uma visão mais alargada

Assumindo que se trata de um pico de viragem na linha de trabalho do artista contemporâneo, depois da "mudança de paradigma iniciada por Duchamp com a trans-substanciação do urinol em Arte"; "o génio artístico e homem de negócios inteligente Picasso". Uma consequência desta dinâmica é o facto de certas obras - especialmente a arte livre de uma densidade de preocupações formais - continuarem a adquirir um novo significado a cada mercado aberto, independentemente da idade da peça (James Panero, 2009).

De um modo geral, o sentido acrescido de expor uma obra de arte individual tem um valor social, que é o de explorar a interpretação de um vasto público sobre as qualidades sociais, emocionais e visuais. É a partir das experiências individuais da presença pesada que um tipo específico de produto artístico se projecta no valor simbólico, ao mesmo tempo que se distingue pelo natural. Obviamente, a expressão estética de Mika na fotografia, o tema de princesa de Rebecca, a tipografia contemporânea de Grace Tong, de diferentes países e diferentes profissões, concordaram no acesso à disputa do mercado.

Os signos gerados pela criação artística servem, por sua vez, para valorizar o sistema de rede. Na maioria dos casos, decifrar a onda de ligação que os signos utilizam para se manterem com a comunicação. De facto, os dados sobre a venda de bilhetes, as vendas de produtos de arte inteligente ou a publicação de exposições permitiriam traçar o alcance mais vasto da exposição. Em contrapartida, os dados não conseguem localizar no "quem" que motiva os consumidores a aparecerem as redes sociais, as feiras de conversação, o feedback dos consumidores, a interação com os coleccionadores, a auto-realização, etc. Mas todos estes factores funcionam em conjunto. Um ponto importante no nosso estudo de caso de "As Vidas Secretas das

Princesas" foi descarregar o comentário da publicação e o grupo da rede social. O grupo-alvo, confirmámos a expressão decifradora de realismo ou ilusão, mostrou a propriedade privada que liberta o potencial das propriedades para serem usufruídas por outros.

Como a ressonância da marca é uma relação, deve ser sustentada ao longo do tempo (Gurau Calin, 2017). A arte inteligente colocou um foco de atenção no tópico da marca e dos artistas, escolhemos o decifrador entre o visitante, o consumidor e o colecionador para o item comprado e o disco interage com a construção da marca do artista. A interação acontece com uma série de produtos e dispositivos, os ficheiros digitais implementam a gama de produção. A tecnologia construiu a relação entre o decifrador e o artista.

Por exemplo, os designers da exposição "Read the Ink", a aplicação complicada de materiais têxteis que interpretam um crescimento explosivo da informação. Com a descodificação técnica de alto nível da ordem da palavra caligráfica Myth, a comunicação com o público assume um novo aspeto de fronteira internacional.

5.2 Atendimento artístico inteligente para a marca do artista

Com os meios de comunicação social e o mercado da arte, a notoriedade da marca proporciona uma presença forte mas imprevisível. Ao mesmo tempo que a introdução do ramo do mercado da arte inteligente pelo acesso digital, como a narrativa política e económica das indústrias criativas se tornaram cada vez mais comuns e muitas vezes se sentem como um catecismo dos últimos dias (John Baldacchino, 2013). Ora, o sistema de significado da marca contribui para que os objectivos da arte contemporânea se conectem com o público. Aqui, referimo-nos à proposta da We media na economia de rede: Connections=Value, três princípios sugeridos por Shayne Bowman e Chris Willis (2003).

- **a.** Ligações contínuas: venda de arte inteligente, coleccionadores de impressões enquanto querem uma história original de volta. A arte inteligente conduz o autocarro em termos de história de fundo do artista. O imenso número de exposições de arte internacionais ou crossover anexa o ponto neste sentido.
- **b.** Ligações em rede, online e offline: a rede social como plataforma, oferecendo aos visitantes notícias, experiências e interacções adicionais. Em última análise, isto tornará os sinais de arte mais valiosos porque estão ligados aos códigos que se auto-renovam, impulsionando o tema para um lugar inesperado antes.
- **c.** Ligações intercast: a arte inteligente apoia a interação social em torno do artista, as peças de arte impressa começam a envolver e a fazer crescer a comunidade em linha, a fim de criar afinidade e lealdade para com o artista enquanto experiência de marca.

Os visitantes de exposições específicas conseguem tornar-se parte do tema através da criação de artistas ou curadores. Por outro lado, o artista como marca a nível estratégico, prefere a "rede de pensamento" através da prática funcional da arte inteligente como armazenamento do tesouro demótico da arte inteligente. Como resultado do crescimento da arte orientada para o mercado, a "marca" é uma marca que é construída não só pelo produtor de significado, mas também pelo motor de transferência e por todas as partes interessadas relacionadas. Na altura em que o tema demótico traz um destino lucrativo a uma vanguarda, a exposição leva-nos os media a ter um talento único para promover o artista contemporâneo no mercado. Entre os fenómenos reforçados ou reduzidos pela seletividade dos "media" estão os fins para os quais um meio foi utilizado (Daniel Chandler, 2017)).

5.3 Estratégia de curadoria na arte inteligente

Parte espetáculo, parte acontecimento sócio-histórico, parte dispositivo estruturante, as exposições - da arte contemporânea - estabelecem e administram os significados culturais da arte. E o papel do curador aparece já incorporado em profissões artísticas preexistentes, como o diretor de um museu ou centro de arte, o marchand ou o crítico de arte (Christophe Cherix, 2011). Uma exposição faz uma superestrela, a direção de arte dominada por cliques de artistas que se autoperpetuam seguiu-se à Revolução Industrial e encontrou uma nova geração de artistas. Entre eles, a transformação do estatuto de artista para curador, captando o interesse cultural. A estratégia do curador tornou a exposição ainda mais fascinante e memorável.

Tal como refere a nossa parte do estudo de caso, o curador da "Exposição Mika Ninagawa" - Shigeo Goto; a curadora da exposição "Read the Ink" - Grace Tong; a curadora da exposição "The Secret Lives of Princesses" em Taipé - agência "Haomiao". Ambos indicaram que: "As fronteiras são fluidas" (Werner Hofmann, 2008). Não apenas numa forma de arte específica, mas também nos papéis de produção de significado.

A boa curadoria do trabalho de um artista - ou seja, a sua apresentação numa exposição - requer uma compreensão tão ampla e sensível do trabalho de um artista quanto um curador possa reunir. Como descrevemos na parte de codificação do artista, a fase exploratória diz respeito a um valor cultural criativo e divergente pronunciado especialmente por exposições.

O fator arte inteligente cresce com a interpenetração dos papéis de artista e curador, envolvendo-se na "maquinaria moderna" da arena. (Sue Hostetler, 2013) Ao perguntar a Hans (2011): Como é que se pode estar plenamente com a arte? Por outras palavras, pode a arte ser experimentada diretamente numa sociedade que produziu tanto discurso e construiu tantas estruturas para guiar o espetador? De acordo com a pergunta, a "maquinaria moderna" do curador, enquanto editor, trabalhou na introdução do artista, e a arte inteligente tem de ser o ajudante na ordem estratégica, tal como estabelecemos na disciplina relevante. Esta é uma óptima previsão, as tarefas mais amplas de rastrear a força motriz fazem com que o mercado da arte inteligente enfrente o lucro da democracia. Esse esforço no desenvolvimento de um novo modelo de negócio, na formação de artistas, na criação de novos compradores.

CAPÍTULO 6

RESUMO E DEBATE

A partir dos argumentos sobre a exposição típica associada à direção de venda de arte, esta investigação fez uma prática simbólica baseada no estudo de caso e na literatura semiótica, proporcionando uma visão do tópico "Artista como Marca". Enquanto se incentiva o debate sobre as personagens da marca e o conhecimento dos We-media. Ora, há uma hipótese de trabalho teórico que estuda a exposição que tem lugar na vida pública. Com a adoção do sistema de valores dos signos, é possível concatenar a transferência entre valor económico e valor simbólico. Esperamos que as exposições sejam o principal local de troca na economia da arte, onde a significação é construída, mantida e ocasionalmente desconstruída (Christophe Cherix, 2011).

Uma vez que a elevada popularidade dos comentários dos visitantes tem impacto no processo de descodificação do artista, os dados para a sua "descodificação" colectiva e para o preenchimento do sistema de significado são muito importantes. Porque o esgotamento dos dados que completam a reciclagem irá avançar. Para este sítio, o aspeto do colecionador de arte que toma todo o tipo de símbolos claros num produto é a crença e a abertura do potencial comunicativo. Se nos debruçarmos sobre o impacto comunicativo da metáfora multimodal no discurso publicitário, continuaremos a sublinhar que a principal intenção subjacente ao produto do mercado da arte inteligente é um ato de persuasão. A metáfora participa normalmente na comunicação (por exemplo, está intimamente relacionada com a retórica do texto). Além disso, enquanto a tentativa de reorganizar o valor económico e simbólico da arte contemporânea que mantém e assegura o retorno do capital social, cultural e financeiro. Leva a questionar uma bolha do mercado da arte, de outra forma uma trama de considerar a "Ideologia" ou o mundo do Mito a partir do valor estético. Desta forma, o medium explica e liga o público em grupos. Como tal, as coisas inexplicáveis da inteligência do mercado espremeriam o capital cultural das formas políticas tradicionais.

REFERÊNCIAS

Allen Adamson. (2013). What Picasso Knew: Branding Tips For Artists From An Art Basel Insider, https://www.forbes.com.

Anna Hainuo. (2005). Uma breve história da semiótica (Huai Trans). China: Tianjin. Baihua Lit and Art Press.

Barthes Roland. ([1964] 1967). Elements of Semiology (Annette Lavers & Colin Smith Trans. London: Jonathan Cape.

Barthes, Roland (1985): O Sistema da Moda (trans. Matthew Ward & Richard Howard). Londres: Jonathan Cape

Baldry A., Thibault P. (2006). Transcrição multimodal e análise de texto: A Multimedia Tool kit and Coursebook. Londres: Equinox.

Daniel Chandler. ([2007] 2014). Semiótica para principiantes: Denotation, Connotati on and Myth. Aberystwyth: Prifysgol Cymru.

Daniel Chandler. ([2007] 2014). Semiótica para principiantes: D.I.Y. Semiotic analysis. Aberystwyth: Prifysgol Cymru.

Daniel Chandler. (2014). Semiótica: The Basics. Londres: Routledge Press.

David Si Rossi. (2003). Economia Cultural (Wang Zhi Trans). China, Collecti on of art Press.

Diana Crane. (2001). Produção cultural: media e arte urbana (Guo-xin Zhao Trans). Nanjing, China. Yilin Press.

Hall Edward, T. (1966). The Hidden Dimension. Nova Iorque, Doubleday.

Hall, Stuart & Tony Jefferson. (Eds.) (1976). Resistance through Rituals: Youth Subcultures In Post-War Britain. Londres: Hutchinson Press.

Howard Rheingold. (2002). Smart Mobs: The Next Social Revolution, Perseus Publishing.

Hans-Ulrich Obrist. (2008). Uma breve história da curadoria. JPR|Ringier & Les Presses Du Reel.

Isabel Negro Alousque. (2014). Metáfora verbo-pictórica na publicidade francesa. Estudo da língua francesa, Cambridge University Press.

James Panero. (2009). The New Criterion: O mercado da arte explicado.Vol 28, No.4. http://www.newcriterion.com/articles.cfin/The-art-market-explained-4337

Jackmeier. (2016). Metáfora como sabedoria: Símbolos no mito, na arte e no sonho, https: //j ackmeier. wordpress. com

Jiu-ling Feng. (2003). A cultura é um grande negócio. Haikou. China, Nanhai Publi shing Press.

Jackmeier. (2015). O mito e o seu papel na atualidade, Aosis, WordPress.

Lakoff G., Johnson, M. (1980). Metaphors We Live. Chicago: Chicago Univers ity Press.

Lakoff G., Turner, M. (1989). More than Cool Reason: A Field Guide to Poetic Metaphor. Chicago: Chicago University Press.

Lakoff G. (1993). The contemporary Theory of Metaphor, (A. Ortony ed.) Cambridge: Cambridge University Press.

Lyndapalma. (2014). Representação: Representação cultural e práticas de significação, http://vwordpress.stmarys-ca.edu.

Lehu J-M. (2007). Branded Entertainment: Product Placement & Brand Strategy in the Entertainment Business. Kogan Page Publishers.

Lyndapalma. (2014). Representação: Representação cultural e Práticas de significação, http ://vwordpress. stmarys-ca. edu.

Mitchell, W. J. T. (1994). Picture Theory. Chicago, EUA: Chicago University Press.

Mike Featherstone. (2005). Consumer culture and postmodernism (Cultura de consumo e pós-modernismo). Nanjing, China: Yilin Press.

Mika Ninagawa. (2006). A flor da verdade. Japão: Primary School Press.

Myers Kathy. (1983). Understanding Advertisers. Em Davis & Walton (Eds.).

Peirce Charles Sanders. (1931). Collected Writings. (Ed. Charles Hartshorne, Paul Weiss & Arthur W Burks). Cambridge, MA: Harvard University Press.

Nick Szabo (1994). Objectos de arte digital inteligente. Paolo Cirio Ltd. http://artcommodities. eom/ index.php7/c/investment.

Nick Szabo (1994). Uma análise económica simples sobre a produção de valores de obras de arte. Paolo Cirio Ltd. http://artcommodities.eom/index.php7/c/commodities

Olson, David (1994): The World on Paper: The Conceptual and Cognitive Impl ications of Writing and Reading. Cambridge: Cambridge University Press.

Pei-xuan Su. (2013). O espetador e o código da imagem. Taipei: Literature and History Press.

Paolo Cirio. (2014). Valores da arte da consultoria de investimentos.

http://artcommodities.eom/index.php7/c/investment.

Reesa Greenberg. (1996). Bruce W. Ferguson, Sandy Nairne, "Introduction", Th inking about Exhibitions, Routledge, Londres e Nova Iorque.

Ricoeur, P. (1977). The Rule of Metaphor: The Creation of meaning in langua ge, London: Routledge Press.

Sarah Holland. (2015). Jornal de Artes Aplicadas e Saúde: Artes Comunitárias, Criatividade e Saúde Mental Positiva e Bem-Estar: Um estudo de caso da Galeria de Arte de Apoio à Recuperação. REINO UNIDO: Intellect Ltd. http://www.intellectbooks.com.

Saussure, Ferdinand de. ([1916] 1974). Curso de Linguística Geral (trans. Wa de Baskin). Londres: Fontana/Collins Press.

Shang Bao Delia. (2001) Sistema de Objectos (Zhi-ming Lin Trans). Xangai. China: People's Publishing Press.

Sarah, Anne Hughes. (2014). Art Libraries Journal: Contemporary Publishing by National Museum and Art Galleries in the UK and its Future. Londres, Reino Unido: http://www.arlis.net.

Sturrock, John. (1986). Structuralism. Londres: Paladin.

Shuxin, Lin.(2003). Museu de História de Taiwan: On the Museum Store-related Issues. Taiwan, http://www.nmh.gov.tw/en/index.htm.

Shayne, Bowman e Chris Willis. (2003). Nós, os media: How audiences are shaping the future of news and Information.

http://www.hypergene.net/wemedia/download/we_media.pdf

Tom, Dent. (2009). Cultura material. (Gong Yonghui Trans). Jiangxi, China. Shulin Publishing.

Veronika Theodor. (2015) O papel das texturas no design gráfico contemporâneo, https://designschool.canva.com.

Van, Doom J, Lemon KN, Mittal V. (2010). Comportamento de envolvimento do cliente: Theoretical Foundations and Research Directions. J Serv Res.

Veronika Theodor. (2015). Elementos e princípios de design: The Role Of Textures in Contemporary Graphic Design, https://designschool.canva.com/blog/ texture.

Wannick Vanissa,. Ranchhod Ashok,. Gurau Calin.(2017) Digital Interaction an d Brand Experience Design: Uma perspetiva futura. Conferência de Gestão de Design 2017. Hong Kong.

APÊNDICE
Biografia dos autores

FU JIA

fuj ia0809@gmail. com

Educação

Obtive a minha licenciatura no Instituto de Tecnologia da Moda de Pequim (BIFT) em 2012 (com especialização em Design Artesanal e especialização em Gestão Cultural) e o meu mestrado na Universidade de Xiamen (XMU) em 2017 (com especialização em Design de Comunicação Visual). Foi o meu orientador, Lin pansong, que me encorajou a ter uma visão da curadoria através do envolvimento no projeto específico, persuadindo-me a interpretar a combinação de manuscritos e cartazes. O meu interesse pela crítica de arte cresceu em 2014, enquanto estudante de intercâmbio na Universidade Nacional de Arte de Taiwan (NTUA), estudando Semiótica e Curadoria Criativa, o que foi uma grande experiência - ser a proposição do conteúdo escrito.

Serviço

Em várias ocasiões, fui assistente da Conferência e Exposição sobre: Cultural deconstruction and design-driven innovation, NTUA; The power of Asian Design, Asia Unversity, Taiwan. Também fui tradutora no workshop global Artist: Finn Nygaard, David M. Brinley, Jeehyun Kim.

Publicação (Artigos)

Os produtos do mercado de arte inteligente do mundo da arte contemporânea: Um estudo de caso de uma exposição específica de Taipei. Actas da Conferência da Design Management Academy. (Vol.l, pp.l 13-126) Londres: Design Management Academy.2017.6

Exposição típica com produto cultural: A Case Study of Exhibition in Taipei Area. Conferência "Imprinting Identity". Taiwan: NTUA. (2016): 100-107.

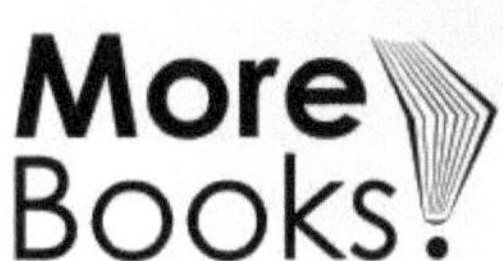

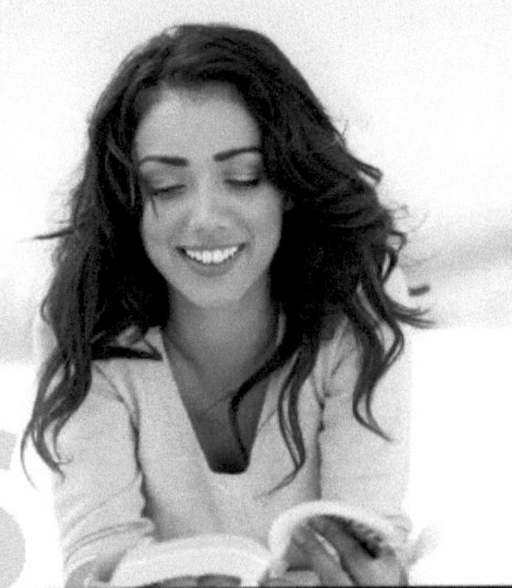

yes

I want morebooks!

Buy your books fast and straightforward online - at one of world's fastest growing online book stores! Environmentally sound due to Print-on-Demand technologies.

Buy your books online at
www.morebooks.shop

Compre os seus livros mais rápido e diretamente na internet, em uma das livrarias on-line com o maior crescimento no mundo! Produção que protege o meio ambiente através das tecnologias de impressão sob demanda.

Compre os seus livros on-line em
www.morebooks.shop

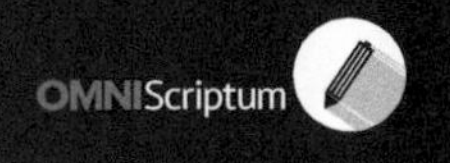

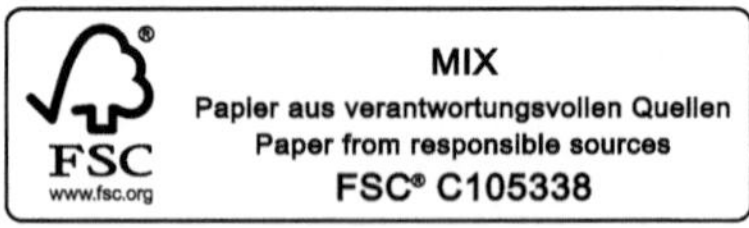